UTB **2309**

Eine Arbeitsgemeinschaft der Verlage

Beltz Verlag Weinheim · Basel
Böhlau Verlag Köln · Weimar · Wien
Verlag Barbara Budrich Opladen · Farmington Hills
facultas.wuv Wien
Wilhelm Fink München
A. Francke Verlag Tübingen und Basel
Haupt Verlag Bern · Stuttgart · Wien
Julius Klinkhardt Verlagsbuchhandlung Bad Heilbrunn
Lucius & Lucius Verlagsgesellschaft Stuttgart
Mohr Siebeck Tübingen
C. F. Müller Verlag Heidelberg
Orell Füssli Verlag Zürich
Verlag Recht und Wirtschaft Frankfurt am Main
Ernst Reinhardt Verlag München · Basel
Ferdinand Schöningh Paderborn · München · Wien · Zürich
Eugen Ulmer Verlag Stuttgart
UVK Verlagsgesellschaft Konstanz
Vandenhoeck & Ruprecht Göttingen
vdf Hochschulverlag AG an der ETH Zürich

Matthias Luserke-Jaqui

Einführung in die Neuere deutsche Literaturwissenschaft

2., überarbeitete und ergänzte Auflage

Vandenhoeck & Ruprecht

Für Seraphina

Bibliografische Information der Deutschen Nationalbibliothek

Die Deutsche Nationalbibliothek verzeichnet diese Publikation in der Deutschen Nationalbibliografie; detaillierte bibliografische Daten sind im Internet über http://dnb.d-nb.de abrufbar.

ISBN 978-3-8252-2309-0 (UTB)
ISBN 978-3-525-03217-6 (Vandenhoeck & Ruprecht)

Umschlaggestaltung: Atelier Reichert, Stuttgart
Satz: Satzspiegel, Nörten-Hardenberg
Druck und Bindung: Ebner & Spiegel, Ulm

ISBN 978-3-8252-2309-0 (UTB-Bestellnummer)

Umschlagabbildung aus: Sebastian Brant, Das Narrenschiff. Basel 1494. Reprint hg. von Franz Schulz 1913.

Inhalt

Literarische Kenntnisse
erwerben sich durch Zeit und Fleis.
Goethe, 14.7.1770[1]

Vorwort

Dieses Buch wendet sich an Studienanfänger des Haupt- oder Nebenfachs Germanistik, Neuere deutsche Literaturwissenschaft. Es ist ein Leitfaden, der Ihnen den Einblick in Arbeitsweisen des Fachs und deren Training erleichtern soll. Zusätzlich bietet es Examenskandidaten und -kandidatinnen die Möglichkeit zur gezielten Wiederholung ihres Grundlagenwissens. Die einzelnen Kapitel sind so aufgebaut, dass sie jeweils für sich gelesen werden können. Zugleich ist es einem kontinuierlich wachsenden Verständnis des Themas förderlich, das Buch ›klassisch‹, das heißt also Seite für Seite zu lesen.

Meinen Mitarbeiterinnen Dr. Nikola Roßbach, Catherine Janssen und Johanna May danke ich für ihre Unterstützung.

Darmstadt, im Winter 2001/02

Vorwort zur zweiten Auflage

Diese zweite Auflage wurde überarbeitet, ergänzt und aktualisiert. Unverzichtbare Hilfe leisteten dabei Monika Lippke, M. A., Martina Heinz und Vanessa Geuen, denen ich herzlich danke. Studierenden und Lehrenden danke ich für ihren Zuspruch zur Konzeption dieses Buches.

Matthias Luserke-Jaqui   Darmstadt, im März 2007

---

1   Goethes Briefe und Briefe an Goethe. Hamburger Ausgabe in 6 Bänden. Hg. v. Karl Robert Mandelkow. München 1988: Johann Wolfgang von Goethe: Briefe. Band 1: Briefe der Jahre 1764–1786. Textkritisch durchgesehen und mit Anmerkungen versehen von Karl Robert Mandelkow unter Mitarbeit von Bodo Morawe. München 1988, S. 111.

1 Grundlagen des Fachs

1.1 Kleine Fachgeschichte der Germanistik

1.1.1 18. Jahrhundert

Längst hat sich die Neuere deutsche Literaturwissenschaft als eine Teildisziplin der Germanistik etabliert. Um dies historisch verstehen zu können, soll diesem Buch zunächst ein knapper Überblick über die Gesamtentwicklung des Fachs Germanistik vorangestellt werden. Die Wissenschaft von deutscher Sprache und Literatur, wie man ›die‹ Germanistik sehr allgemein definieren kann, gibt es in der universitären Ausbildung noch nicht lange. Anders als etwa die klassischen Philologien wie Latein und Griechisch, anders auch als die Philosophie oder die Theologie blickt die Germanistik auf einen vergleichsweise knappen Zeitraum wissenschaftlicher Entwicklung zurück. Fragt man nach den Vorläufern der Germanistik, so rücken Lehrformen und Forschungsgebiete in den Blick, die heute nur mehr von historischem Interesse sind. Beredsamkeit, Poesie, Rhetorik – so hießen jene Fächer, in denen Studenten der Theologie, der Philosophie und der Jurisprudenz bis zum Ende des 18. Jahrhunderts ausgebildet wurden und in denen in erster Linie Formen des richtigen, d. h. des regelgeleiteten Sprechens und des Verfassens von Gelegenheitsgedichten gelernt wurden.

Von den Frühformen eines ›Literaturstudierens‹ wie etwa den Unterrichtsformen rhetorischer Tradition und mittelalterlicher Scholastik, die bis heute ihre Gültigkeit und ihre Funktion als praktische Orientierungshilfe behalten haben, ist hier nicht die Rede. Sie gehören in den Kontext einer allgemeinen Universitätsgeschichte. Ebenso wenig können Studienformen im Humanismus für eine Fachgeschichte der Germanistik in Anspruch genommen werden. Institutionengeschichtlich betrachtet beginnt die Geschichte der Germanistik frühestens mit der Einrichtung der ersten Professur für deutsche Beredsamkeit 1731 an der Universität Halle. Allerdings wurden diese und in der Folge andere neu geschaffene Professuren nach dem Weggang der Stelleninhaber nicht wieder besetzt. Dies war insgesamt ein Versuch, die Wissenschaft von deutscher Sprache und Literatur institutionell in die universitäre Ausbildung einzubinden, der aber als gescheitert betrachtet werden muss (vgl. Weimar 1989, S. 55).[2]

Poetik

Erst mit dem Philosophen und Literaturkritiker Johann Christoph Gottsched (1700–1766), einem Schüler von Christian Wolff, der selbst wiederum ein Schüler von Leibniz war, gewann die Lehre von der deutschen Literatur zunehmend an wissenschaftlicher Reputation. Sein *Versuch einer Critischen Dichtkunst* (1730) kann als erstes umfassendes Regelwerk zur deutschen Poetik gelten. Der Nachdruck der vierten Auflage von 1751 bildet einen wichtigen poetikgeschichtlichen Grundlagentext des Studiums der Neueren deutschen Literaturwissenschaft. Gegenüber Gottscheds *Critischer Dichtkunst* nimmt sich das *Buch von der Deutschen Poeterey* (1624) von Martin Opitz, das gemeinhin als die erste deutschsprachige Poetik gilt, geradezu bescheiden aus. Gottsched wurde 1730 außerordentlicher Professor der Poesie und 1734 ordentlicher Professor der Logik und Metaphysik. Die Aufzählung dieser Aufgabenbereiche macht bereits die Vermischung und damit das noch unklare wissenschaftliche und institutionelle Profil des ›Fachs‹ deutlich. Poesie, Rhetorik und Philosophie sind die Mutterdisziplinen der späteren Lehre von der deutschen Sprache und Literatur, die zunächst als Poetik (im Unterschied zur Poesie) auf den Plan tritt.

Ästhetik

Mit der Anerkennung der Ästhetik als neuer und selbstständiger Disziplin der Philosophie war es möglich, innerhalb einer Theorie der schönen Wissenschaften und Künste auch den Ort der Literatur und Dichtung zunehmend genauer zu bestimmen. Alexander Gottlieb Baumgartens *Aesthetica* (1750/1758) schuf dazu die theoretischen Voraussetzungen. Die Ästhetik als Wissenschaft der sinnlichen Er-

2   Zur Zitierweise: Sie können ein direktes oder ein indirektes Zitat oder einen Verweis (wie in diesem Fall) mit einer Fußnote und den entsprechenden vollständigen bibliographischen Angaben bei der Erstnennung belegen. Oder Sie entscheiden sich für ein Verfahren, das im Haupttext (wie in diesem Fall) mit dem Verfassernachnamen, der Jahreszahl und der Seitenzahl die notwendigen Belege anführt. Die vollständigen bibliographischen Angaben finden Sie im Literaturverzeichnis (Kapitel ›Bibliographie‹).

kenntnis sollte der Poesie ihre erkenntnistheoretischen Grundlagen liefern. Kunst, mithin Literatur, habe Erkenntnisfunktion, »aesthetica est scientia cognitionis sensitivae« (dt.: Ästhetik ist die Wissenschaft von der sinnlichen Erkenntnis). Doch was die universitäre Bedeutung des Fachs betrifft, verbesserte sich die Lage bis zum Ende des Jahrhunderts nicht. Selbst wenn Veranstaltungen zur deutschen Literaturgeschichte angeboten wurden, dienten sie meist zur rhetorischen Ausbildung, oftmals wurden sie noch in lateinischer Sprache von Philosophen oder Historikern abgehalten (vgl. Hermand 1994, S. 26).

1.1.2 19. Jahrhundert

In den Jahren 1801 bis 1804 hielt August Wilhelm Schlegel (1767–1845), der Bruder von Friedrich Schlegel, in Berlin *Vorlesungen über schöne Literatur und Kunst*, die allerdings erst 1884 gedruckt erschienen. Die neuere deutsche Literatur hat für Schlegel wenig ästhetischen Wert, ihm geht es vor allem um die Bedeutung der mittelalterlichen Literatur, die nun als Dokument nationaler Einheit entdeckt wird. Dass diese Ansicht ein historisch ebenso wie philologisch falsches Bild der deutschen Literatur vermittelt, liegt auf der Hand. Für die Entstehungsgeschichte der Wissenschaft Germanistik bedeutsam ist allerdings, dass aus dieser Beschäftigung mit mittelalterlicher Literatur in Kombination mit altphilologischen Kenntnissen der Textkritik die Keimzelle heutiger Germanistik erwuchs. Neben Schlegel beteiligten sich an dieser verklärten Suche nach einer ›echten Volksseele‹ in den mittelalterlichen Texten Jacob und Wilhelm Grimm, Clemens Brentano, Achim von Arnim, Ludwig Tieck, Joseph Görres und andere. Ob Märchen oder Volkssage, ob Ritterepos oder Volkslied – es wurde die echte deutsche Literatur gesucht. Natürlich war diese Form nationaler Identitätsstiftung mit den Mitteln der Literatur auch ein Reflex auf die Zeit der napoleonischen Unterdrückung. Es würde aber zu weit gehen, wollte man darin ausschließlich eine politisch-emanzipatorische Absicht erkennen. Das Fach Germanistik ist, wie Jost Hermand zu Recht feststellt, »nicht nur ein Produkt der patriotischen, sondern auch der chauvinistischen Richtung« (Hermand 1994, S. 30).

Philologisierung

Mediävistik

Professionalisierung

Friedrich Heinrich von der Hagen hielt als Professor für Deutsche Sprache und Literatur an der 1810 gegründeten Universität Berlin Vorlesungen über das Nibelungenlied, die er zwölf Jahre lang Semester für Semester wiederholte. Die zunehmende Philologisierung des Fachs, welche den strengen wissenschaftlichen Umgang mit Texten und ihrer Überlieferung beinhaltete, führte zu den ersten großen, wegweisenden Editionen in der Germanistik, die zu diesem Zeitpunkt noch ausschließlich Mediävistik bedeutete. Die Professionalisierung des Fachs zeitigte nun eine zunehmende Elitebildung. Je spezialisierter, je wissenschaftlicher und je professioneller Editionen wurden, desto mehr galten sie nur einem kleinen Fach- und Bibliothekspublikum. Karl Lachmann, seit 1827 Berliner Professor, zielte mit seinen Texteditionen zur älteren deutschen Literatur – anders als vor ihm von der Hagen – auf ein ausschließlich wissenschaftliches Lesepublikum. Lachmann edierte 1826 das *Nibelungenlied*, 1827 folgten der *Iwein* von Hartmann von Aue und 1833 eine Ausgabe der Werke Wolframs von Eschenbach. Die Bezeichnung ›Germanische Philologie‹ galt als Pendant zur Klassischen Philologie, deren editorische Leistungen nun Vorbild für germanistische Editionsprojekte waren. Mit Lachmanns Lessing-Ausgabe von 1838/1840 in 13 Bänden wurde nicht nur die literaturgeschichtliche Perspektive erheblich erweitert, sondern es wurden auch erstmals in der Geschichte der Germanistik Prinzipien der Edition klassischer Texte auf einen Schriftsteller der jüngeren Vergangenheit angewandt.

Der einseitigen Beschäftigung mit älterer deutscher Sprache und Literatur sowie der Abqualifizierung der neueren Literatur, worunter meist die Literatur von der Aufklärung bis zur damaligen Gegenwart verstanden wurde, steuerte ein monumentales Unternehmen des Literaturhistorikers Georg Gottfried Gervinus gegen. Seine *Geschichte der poetischen National-Literatur der Deutschen*, die später umbenannt wurde in *Geschichte der deutschen Dichtung*, erschien in den Jahren 1835 bis 1842. Die Programmatik dieser Literaturgeschichte und etlicher Nachfolgeunternehmen besteht in der Anwendung literaturgeschichtlichen Wissens auf die politisch-gesellschaftliche Situation der Gegenwart, was als ›Zeitgeist‹ umschrieben wurde.

Zur Identitätsbildung einer Wissenschaft gehört neben den theoretischen und methodischen Prämissen, die sich die Germanistik aus den klassischen Philologien und der Philosophie entlieh, und neben der institutionellen Einbindung in den Lehrbetrieb einer Universität auch die Möglichkeit zur wissenschaftlichen Kommunikation. 1846 wurde die Zeitschrift *Archiv für das Studium der neueren Sprachen und Literaturen* ins Leben gerufen und im selben Jahr fand auch der erste Germanistentag in Frankfurt am Main statt. 1854 begannen Jacob und Wilhelm Grimm mit der Arbeit an ihrem *Deutschen Wörterbuch*, das erst 1961 abgeschlossen werden konnte.

Hermann Hettner veröffentlichte in den Jahren 1856 bis 1870 seine *Literaturgeschichte des 18. Jahrhunderts* in sechs Bänden und versuchte darin in Abkehr von Gervinus mit Hilfe ästhetischer anstelle historisch-politischer Fragestellungen und Bewertungskriterien die Literaturgeschichte zu ordnen. In dem Vierteljahrhundert zwischen 1830 und 1855 erschienen insgesamt sechsundvierzig Literaturgeschichten, was nicht nur auf den Fleiß der Gelehrten schließen, sondern auch ein Bedürfnis nach literaturgeschichtlichen Darstellungen bei wissenschaftlichen und nicht-wissenschaftlichen Lesern erkennen lässt. 1858 wurde schließlich das erste germanistische Seminar an einer deutschen Universität – in Rostock – gegründet. Der Prozess der institutionellen Etablierung des Fachs hatte begonnen. Am Ende des Jahrhunderts konnte man an beinahe allen deutschen Universitäten Germanistik als Deutsche Philologie, Ältere deutsche Literatur oder Sprachwissenschaft studieren.

1859 bis 1882 erarbeitete Karl Goedeke seinen vielbändigen *Grundriß zur Geschichte der deutschen Literatur*, der bis heute ein Standardwerk der literaturwissenschaftlichen Forschung geblieben ist und von einer erschreckend positivistischen, um nichts weniger aber respektablen Materialbesessenheit seines Verfassers zeugt: ›der Goedeke‹ ist ein Paradebeispiel für metonymisches Sprechen in der Literaturwissenschaft; Sie sollten

Positivismus

Weimarer Ausgabe

sich bald mit der Anlage und dem Materialreichtum dieses Werks vertraut machen.

1880 bis 1883 veröffentlichte Wilhelm Scherer seine *Geschichte der deutschen Literatur (von der althochdeutschen Zeit bis zu Goethes Tod)*, die bis 1927 sechzehn Auflagen erlebte. Mit diesem Werk und seinem Autor ist der wissenschaftstheoretische Begriff des Positivismus verknüpft. Allerdings erfüllen weder Scherer noch seine Schüler jene Forderungen eines philosophischen Positivismus, wonach die Fakten für sich selbst zu sprechen haben, jede Wirkung auf eine Ursache zurückzuführen und analog zu naturwissenschaftlichen Erklärungen zu beschreiben sei. Positivismus ist in der Neueren deutschen Literaturwissenschaft, wenn überhaupt, nur auf dem Gebiet der Editionsphilologie möglich. Ansonsten bedeutet die Beschäftigung mit der Geschichte der Literatur und ihren Texten immer die Verbindung von Beschreiben *und* Deuten. Scherer entwickelte die so genannte Blütezeittheorie der deutschen Literaturgeschichte. Danach vollzieht sich die Entwicklung der deutschen Dichtung in drei Stadien, deren Hochblüte jeweils um das Jahr 600, 1200 und 1800 festzustellen sei. Bei den Autoren gelte es, das »Ererbte, Erlebte, Erlernte«, so seine Worte, zu untersuchen. Als Vertreter einer wilhelminischen Germanistik hatte Scherer einen enormen wissenschaftspolitischen Einfluss; bis weit über die Jahrhundertwende hinaus blieb die sprichwörtliche Scherer-Schule im Fach dominierend. Zu Scherers Schülern zählen neben Karl Goedeke unter anderem auch Erich Schmidt, Jacob Minor, Bernhard Seuffert und Bernhard Suphan, Philologen insgesamt, die verdienstvolle Editionen oder Standardwerke schufen, deren Bedeutung bis heute unbestritten ist. So waren etwa Schmidt, Minor, Seuffert und Suphan maßgeblich an der ersten umfassenden Edition von Goethes Werken, der Weimarer Ausgabe (1887–1919), beteiligt.

1.1.3 20. Jahrhundert

**geistesgeschichtliche
Methodik**

**werkimmanente
Interpretation**

Von den Arbeiten des Philosophen Wilhelm Dilthey ausgehend, begann sich um 1910 ein neues Paradigma in der Germanistik zu entwickeln. Diltheys Buch *Das Erlebnis und die Dichtung* (1905) bildete dabei den Ausgangspunkt der geistesgeschichtlichen Methodik, welche die strikte Abkehr von naturwissenschaftlichen Gesetzmäßigkeiten und von der Fixierung auf Tatsachenwissen verlangte. Im Zentrum von Diltheys Textverständnis steht die Ansicht, dass die Natur des Menschen durch alle Zeitläufte hindurch unveränderlich sei. Dieses Individuelle gelte es zu erkennen, das Erleben sei eine Form des Erkennens, statt analytischen Denkens sei ein Nacherleben erforderlich. Auf einen einfachen Nenner gebracht heißt Diltheys Faustformel: Erleben statt Erkennen. Der Geist – einer der zentralen Begriffe Diltheys und in dessen Nachfolge inflationär gebraucht – eines Individuums, eines Werks oder einer Epoche lasse sich besser verstehen als erklären. Am nachhaltigsten hat Dilthey auf Rudolf Unger (*Philosophische Probleme der neueren Literaturwissenschaft*, 1908, *Hamann und die Aufklärung*, 1911) sowie auf Friedrich Gundolf (*Shakespeare und der deutsche Geist*, 1911, *Goethe*, 1916) gewirkt. Wie lange und wie weit Diltheys Geistesgeschichte in der Literaturwissenschaft dominant geblieben ist, zeigt Hermann August Korffs literaturgeschichtliche Darstellung in geistesgeschichtlicher Manier *Geist der Goethezeit. Versuch einer ideellen Entwicklung der klassisch-romantischen Literaturgeschichte*, die 1923 begonnen und erst 1957 abgeschlossen wurde. Die geistesgeschichtliche Literaturwissenschaft brachte in den zwanziger und dreißiger Jahren Werke wie Fritz Strichs *Deutsche Klassik und Romantik oder Vollendung und Unendlichkeit* (1922), Oskar Walzels *Das Wortkunstwerk. Mittel seiner Erforschung* (1926), ab 1923 das zweiundzwanzigbändige *Handbuch der deutschen Literaturwissenschaft*, herausgegeben von Oskar Walzel, und 1930 die *Philosophie der Literaturwissenschaft*, herausgegeben von Emil Ermatinger, hervor. Noch Emil Staigers *Grundbegriffe der Poetik* (1946), das ›Lehrbuch‹ der so genannten werkimmanenten Interpretation, und Wolfgang Kaysers *Das sprachliche Kunstwerk*

(1948) stellen eine konsequente Weiterentwicklung geistesgeschichtlicher Literaturinterpretation dar. Allein dem Werk immanente, ästhetische Fragen hat der Literaturwissenschaftler nach dieser Interpretationsmethode, die der ›Explication de Texte‹ in Frankreich und dem ›New Criticism‹ vergleichbar ist, zu beantworten. Die Frage ›Was will der Autor uns sagen?‹ steht dabei im Zentrum. Historische und soziale Zusammenhänge spielen keine Rolle.

Zwischen 1910 und 1932 hatte sich die Zahl der Germanistikprofessuren von 87 auf 196 mehr als verdoppelt. Die institutionelle Etablierung der Germanistik als Wissenschaft war längst vollzogen. Nach 1935 mussten viele Germanistikprofessoren emigrieren. Von einer nationalsozialistischen Germanistik im Sinne einer eigenen Theoriebildung kann man nur schwerlich sprechen, wohl gab es aber vielfältige Formen von historischen Vorläufern und zeitgenössischen Mitläufern. Zu den bedenklichen Vorläufern ist Josef Nadlers *Literaturgeschichte der deutschen Stämme und Landschaften* (3 Bde., 1912–1928 u. ö.) zu rechnen, die bis in unsere Gegenwart hinein in der sehr erfolgreichen und Generationen von Germanistikstudierenden prägenden *Bücherkunde* von Paul Raabe[3] ob ihres vorzüglichen Bildmaterials zur Lektüre empfohlen wird. Unmittelbar nach Kriegsende wurden zwar zunächst einige Lehrverbote ausgesprochen, u. a. gegen Henning Brinkmann, Herbert Cysarz, Gerhard Fricke, Heinz Kindermann, Fritz Martini, Hermann Pongs und Erich Trunz. Doch führte der Mangel an Professoren dazu, dass schon bald auch die durch den Nationalsozialismus politisch belasteten Wissenschaftler wieder lehren konnten.

Literatursoziologie

Neben der geistesgeschichtlichen Literaturwissenschaft gab es von den zwanziger Jahren an Versuche, Textinterpretation und soziologische Fragestellungen miteinander zu verknüpfen. Diese neue Literatursoziologie entsprang einem materialistischen Geschichtsverständnis. Franz Mehring hatte mit seinem Buch *Die Lessing-Legende* (1893) – einer radikalen Abrechnung mit dem Positivismus der Scherer-Schule, insbe-

---

3   Vgl. Paul Raabe: Einführung in die Bücherkunde zur deutschen Literaturwissenschaft. 11., vollständig neu bearbeitete Aufl. Stuttgart 1994, S. 58.

sondere mit Erich Schmidts *Lessing*-Monographie (2 Bde., 1884/1892) – erstmals eine marxistisch unterlegte literaturgeschichtliche Arbeit veröffentlicht. Georg Lukács, Leo Löwenthal – neben Adorno, Benjamin und Horkheimer ein Mitbegründer der Frankfurter Schule – und Arnold Hirsch waren einflussreiche Vertreter dieser marxistischen Literatursoziologie. Noch in Peter Szondis *Lektüren und Lektionen. Versuche über Literatur, Literaturtheorie und Literatursoziologie* (1973) hat literatursoziologische Textinterpretation ohne Preisgabe ästhetischer Fragestellungen ihren Niederschlag gefunden. In der ehemaligen DDR mündete die marxistische Literaturtheorie in wesentlich verkürzter Form in die Ideologeme der Widerspiegelungstheorie, wonach u. a. die Geschichte der Literatur als Geschichte von Klassengegensätzen gelesen werden muss und der Auftrag an die Literatur lautet, die realen gesellschaftlich-historischen Bedingungen widerzuspiegeln. Hans Mayer und Werner Krauss gehörten zu den keineswegs systemkonformen prominentesten Vertretern, deren Arbeiten auch im Westen auf großes Interesse stießen.

In den fünfziger und sechziger Jahren haben in Westdeutschland folgende Bücher die Fachentwicklung wesentlich mit bestimmt: Eberhard Lämmerts *Bauformen des Erzählens* (1955), Hugo Friedrichs *Die Struktur der modernen Lyrik* (1956), Peter Szondis *Theorie des modernen Dramas* (1956), Volker Klotz' *Geschlossene und offene Form im Drama* (1960), Franz K. Stanzels *Typische Formen des Romans* (1964). Eine einschneidende Wendung erlebte die Fachgeschichte der Germanistik auf dem Münchener Germanistentag von 1966. Fragen nach der politischen Vergangenheit, nach Schuld und Verstrickung der Fachvertreter wurden erstmals laut gestellt und diskutiert. Erst 1972 wurde eine Arbeitsstelle für die Erforschung der Geschichte der Germanistik im Deutschen Literaturarchiv (Marbach a. N.) eingerichtet, die inzwischen neben der Aufarbeitung (wissenschafts-)politischer Themen auch der Betreuung von Germanistennachlässen dient.

Kontextualisierung

sozialgeschichtliches Paradigma

In den späten sechziger Jahren geriet die Germanistik unter den Politisierungsdruck der Studentenbewegung. Fragen nach der politisch-gesellschaftlichen Legitimation einer bis dahin als bürgerlich geltenden Wissenschaft wie der Germanistik wurden nun ebenso kritisch diskutiert wie die politische Vergangenheit der älteren Fachvertreter insistierend benannt und bewertet wurde. Der bis dahin aufgelaufene Reformstau des Fachs brachte eine neue konzeptuelle Ausrichtung mit sich, die Abkehr von ausschließlich ästhetischen Fragestellungen an Texte hin zum Postulat der Kontextualisierung: Jeder Text steht in einem Kontext, der historisch, gesellschaftlich, politisch geprägt ist und die Textproduktion ebenso mitbestimmt wie die Textdistribution und die Textrezeption. Eine ›Neue Germanistik‹ (vgl. Kolbe 1969) wurde gefordert und geboren. Ob sie bis heute die Erwartungen ihrer Gründerväter und -mütter eingelöst hat, ist aber eher zu bezweifeln. Denn viele der auf den Weg gebrachten Reformprojekte blieben schon nach einer kurzen Strecke stecken. Dies gilt vor allem für das sozialgeschichtliche Paradigma, das anfänglich zu einer Neubestimmung der Literaturgeschichtsschreibung führte. Eine Sozialgeschichte der Literatur sollte die Forderung nach Kontextualisierung von Texten einlösen. In der Zwischenzeit ist die Konkurrenz durch andere Theorien so groß, dass man gegenwärtig von einem Nebeneinander unterschiedlicher Theorie- und Methodenansätze in der Germanistik sprechen kann. Im neuen Jahrtausend wird sich die Fachgeschichte der Germanistik mutmaßlich weiter dissoziieren in eine Fachgeschichte der Neueren deutschen Literaturwissenschaft, der Linguistik, der Didaktik usf.

Rezeptionsästhetik

Leserforschung

In den siebziger Jahren entwickelte sich die Rezeptionsästhetik zu einem stark diskutierten germanistischen Paradigma, das auf andere Weise das Kontextualisierungsgebot zu berücksichtigen versuchte. Hans Robert Jauß mit *Literaturgeschichte als Provokation der Literaturwissenschaft* (1967) und der Anglist Wolfgang Iser mit *Die Appellstruktur der Texte* (1970) begründeten in Theorie und Praxis Modelle des in Texten angelegten Wirkungspotenzials, das in der Textrezeption durch den Leser freigesetzt wird – eingegangen in die Fachgeschichte unter dem Stichwort ›Konstanzer Schule‹. Eine sozialgeschichtlich orientierte Leserforschung trug reichhaltiges Material zum Wirkungszusammenhang von Text und Leser zusammen.

sozialgeschichtliches Paradigma

feministische Literaturwissenschaft

Poststrukturalismus

Versucht man zu bilanzieren, so lässt sich Folgendes bei aller Vorsicht feststellen: Das sozialgeschichtliche Paradigma der siebziger und achtziger Jahre findet sich zum Beginn des neuen Jahrtausends in einer positivistisch und einer psychohistorisch-mentalitätsgeschichtlich arbeitenden Richtung wieder. Die feministische Literaturwissenschaft, die zunächst in den siebziger und achtziger Jahren mit dem politischen Anspruch angetreten war, die Vorherrschaft der Männer in Forschung und Lehre zu brechen, hat sich größtenteils zu den so genannten gender studies entwickelt. Der Poststrukturalismus, der als historische Diskursanalyse (Derrida, Foucault, de Man) ebenfalls zunächst einen politischen Anspruch verfolgte, um über den Zusammenhang von Sprache/Literatur, politisch-gesellschaftlicher Macht und sexuellem Begehren aufzuklären, ist nahezu erfolgreich aus der Literaturwissenschaft ausgetrieben.

systemtheoretische Ansätze

positivistische Textdeutung

Michel Foucault griff in seinem Aufsatz *Was ist ein Autor?* (1969) eine zentrale wissenschafts- und literaturtheoretische Fragestellung auf. Die Verunsicherung, die mit dieser Frage verbunden war, hält bis heute an. Vom Verschwinden des Autors war ebenso die Rede wie von der Auflösung des Ichs. Die Dezentrierung des Subjekts sollte auch ein schreibendes Autor-Ich betreffen. Foucault spricht allerdings an keiner Stelle seines Textes von dem Verschwinden einer schreibenden Instanz. Es wäre naiv zu glauben, dass Texte nicht auch einen Autor im Sinne eines ›Hervorbringers‹ hätten. Foucault geht es um eine andere Überlegung. Indem er von Autorfunktion spricht, macht er deutlich, dass er nicht den Autor als personale Instanz, sondern als Ort der Legitimation diskursiver Praxis meint. Systemtheoretische Ansätze sind in der Orientierungsphase stecken geblieben, der hoch gelegten Messlatte der Theoriebildung, meist im Ausgang von Niklas Luhmanns soziologischer Systemtheorie, sind nur wenige Praxisarbeiten gefolgt. Literatur wird danach als gesellschaftliches Teilsystem sozialen Handelns verstanden. Dieses System kann nicht isoliert vom Zusammenspiel mit anderen gesellschaftlichen Teilsystemen wie beispielsweise Geld, Religion, Institution oder Wissenschaft gesehen werden. Systemtheoretisch lassen sich dabei vier elementare Handlungsrollen von Literatur unterscheiden: Produktion, Vermittlung, Rezeption und Verarbeitung von literarischen Kommunikaten, wie Texte systemtheoretisch genannt werden. Fragen der Literaturgeschichte treten ebenso in den Hintergrund wie die eigentliche Textinterpretation ausbleibt. Insgesamt ist in der Literaturwissenschaft heute wieder eine starke Tendenz zur positivistischen Textdeutung zu erkennen, die vor allem in der thematischen Einzelforschung und der Autorenforschung meist zu einer überheblichen Geringschätzung der Forschungsergebnisse der vergangenen fünfundzwanzig Jahre germanistischer Wissenschaft führt. Die Befürchtung, dass die Entpolitisierung der Germanistik in den achtziger und neunziger Jahren des 20. Jahrhunderts zu einer Lifestyle-Germanistik der ›Neuen Mitte‹ führen könnte, scheint mir berechtigt. Wenn nur noch die Interpretationen von Kollegen oder Theoriebildnern interpretiert werden, nicht aber die Texte der Autoren und Autorinnen, wenn Germanistik auf das Profil einer Animationswissenschaft frisiert wird, wie lässt sich dann noch die Notwendigkeit der Kenntnis historischer Texte vermitteln? Auf der anderen Seite stellt sich heute wie ehedem die Frage, wer mit welchem Auftrag der Germanistik die Aufgabe stellt, Gesellschaftsentwürfe zu skizzieren und Sinnstiftungen zu leisten.

Meines Erachtens wird das Gerede über die mangelnde Legitimation der Germanistik erst dann aufhören, wenn sich ihre psychologisch-existentiellen, formalistisch-ästhetisierenden sowie postmodern-orientierten Richtungen nicht nur damit begnügen, im Rahmen immer neuer Theorien und Stoffgebiete den angeblich irritierenden, aber letztlich systemkonformen subjektiven Faktor herauszustellen, sondern sich zugleich – wie die sozialgeschichtlichen, kulturwissenschaftlichen, materialistischen und ökologischen Richtungen – um neue Geschichtsentwürfe und damit verbundene Sinnstiftungen sozialer Art bemühten, welche über rein persönlichkeitserweiternde Intellektuellenbedürfnisse hinausgehen. (Hermand 1994, S. 242 f.)

Ob diese massive Dissoziierung des Fachs in inhaltlicher und institutioneller Hinsicht noch einmal aufgehalten werden kann, ja ob dieser Prozess überhaupt negativ zu beurteilen ist, wird unterschiedlich bewertet. Und ob ein neues kulturwissenschaftliches Paradigma, welches Literaturwissenschaft als Kulturwissenschaft definiert, tatsächlich den Anforderungen und Erwartungen an das Fach gerecht werden kann, muss sich erst noch zeigen. Insgesamt freilich ist die Rückkehr zu einer textorientierten Germanistik zu beobachten. Dies wird sich ein Fach allerdings nicht lange leisten können, das so stark unter Legitimationsdruck geraten ist wie die Germanistik. Allein die Veränderungen in der Lehrerausbildung, der Wechsel von einem ausschließlich textorientierten, strukturanalytischen zu einem handlungs- und produktionsorientierten Literaturunterricht an den Schulen müssen in der universitären Ausbildung stärker berücksichtigt werden.

1.2 Disziplinen der Germanistik

Neuere deutsche Literaturwissenschaft

Mediävistik

Sprachwissenschaft

Didaktik

Deutsch als Fremdsprache

Aus der Wissenschaftsgeschichte des Faches Germanistik ist es zu erklären, dass sich heute das Fächerangebot der Germanistik auf in der Regel vier Teildisziplinen erstreckt: Die Neuere deutsche Literaturwissenschaft, die Mediävistik, die Sprachwissenschaft oder Linguistik und die Didaktik. Neu hinzugekommen ist in der jüngeren Vergangenheit an vielen Universitäten das Fach Deutsch als Fremdsprache. Nachfolgend ein knapper Überblick:

Die Begriffsverwendung des Wortes Germanistik an deutschen Universitäten ist sehr uneinheitlich und oftmals verwirrend. Was an der einen Hochschule als Deutsche Philologie bezeichnet wird, heißt an der anderen Neuere deutsche Literaturwissenschaft. Wo man hier Germanistik als Gesamtfach studieren kann, muss man dort von Beginn an zwischen dem Studium der Neueren deutschen Literaturwissenschaft und dem Studium der Linguistik trennen. Hier hilft Studienanfängern nur die genaue Information. Lassen Sie sich am jeweiligen Institut oder Seminar eingehend beraten.

 + Medienwissenschaft

1.2.1 Neuere deutsche Literaturwissenschaft

Die Neuere deutsche Literaturwissenschaft wird an einigen Universitäten auch als Allgemeine (deutsche) Literaturwissenschaft in Abgrenzung zur Komparatistik bezeichnet. Sie befasst sich mit der Literatur vom Beginn des Buchdrucks bis zur Gegenwart. Der frühe Buchdruck von ca. 1460 bis 1600 wird gelegentlich auch von Professuren oder Dozenturen mit der Bezeichnung ›Literatur der Frühen Neuzeit‹ vertreten. Der Begriff ›Gegenwart‹ bzw. ›Gegenwartsliteratur‹ wird unterschiedlich definiert. Hört für die einen die Literatur der Gegenwart bereits in den späten Sechzigern auf, so beginnt für die anderen Gegenwartsliteratur erst im aktuellen Kalenderjahr. Professuren, die sich thematisch mit der Literatur frühestens vom Beginn des 20. Jahrhunderts an bis zur Gegenwart beschäftigen, firmieren in der Regel unter ›Neueste deutsche Literatur‹.

Welchen Stellenwert die Medienwissenschaft als Teildisziplin der Germanistik sowie die Theaterwissenschaft, die Vergleichende Literaturwissenschaft (Komparatistik) und die Buchwissenschaft haben, wird recht unterschiedlich beurteilt. Während Komparatistik, die oft auf den Vergleich zweier oder mehrerer europäischer Nationalphilologien hinausläuft, und Theaterwissenschaft einen eigenen, grundständigen Studiengang darstellen, ist der institutionelle und disziplinäre Ort der Medienwissenschaft derzeit noch die Germanistik. Schwerpunkte innerhalb des Germanistikstudiums oder so genannte Aufbaustudiengänge tragen zu einer Spezialisierung innerhalb des Studiums der Germanistik bei, die langfristig mutmaßlich auf eigene Studienprofile hinauslaufen wird. Die viel beschworene disziplinäre Vielfalt des einen Fachs Germanistik, die über Jahrzehnte hinweg dessen Kennzeichen war, gibt es derzeit nicht mehr.

Jüngste Überlegungen im Zusammenhang allgemeiner hochschulpolitischer Rahmenbedingungen gehen dahin, den Stellenwert von Germanistik jenseits der Lehrerausbildung als kulturtragendes Fach radikal in Frage zu stellen. Diesem permanenten Legitimationsdruck ausgesetzt, wird die Germanistik langfristig neue Profile erarbeiten müssen. Interkulturelle Kommunikation, Interkulturelle Germanistik, Kulturelle Praxis, Angewandte Germanistik, Deutsch als Fremdsprache usf. bilden erste Versuche, sich dieser Verantwortung zu stellen. Auch die Bemühungen einiger Hochschulen, die Abkehr vom klassischen Magister zu vollziehen und die Entwicklung und Erprobung neuer Studienabschlüsse für das Fach Germanistik (BA, MA, Diplom) anzuregen, gehört zu den sich ändernden Rahmenbedingungen. Es wäre wünschenswert, die Stimme der Studierenden bei diesen Diskussionen deutlicher zu hören.

1.2.2 Mediävistik oder Ältere deutsche Literaturwissenschaft und Ältere deutsche Sprach- wissenschaft

Mediävistik bedeutet in einem umfassenden Sinn die Erforschung der Geschichte des Mittelalters. Die mittelalterliche deutsche Sprache und Literatur ist also bereits schon ein Spezialgebiet der Mediävistik. Die germanistische Mediävistik befasst sich mit den ältesten Sprach- und Literaturdenkmälern der deutschen Sprache. Dies beginnt mit althochdeutschen Textzeugnissen aus dem 8. bis 11. Jahrhundert und endet in der zweiten Hälfte des 15. Jahrhunderts mit dem Beginn des Buchdrucks.

Die Ältere deutsche Sprach- *und* Literaturwissenschaft (auch Altgermanistik im Unterschied zur Neugermanistik, der Neueren deutschen Literaturwissenschaft) ist integraler Bestandteil des Germanistikstudiums: Wer Germanistik studiert, muss auch Mediävistik studieren. Das hat zum einen mit der Fachgeschichte der Germanistik im 19. Jahrhundert zu tun, zum anderen sind viele Sprach- und Literaturformen in ihrer historischen Entwicklung erst von ihrer frühneuzeitlichen Entstehung her zu verstehen. Auch für die Lehrerausbildung macht es keinen Sinn, auf die Kenntnisse der älteren Sprachformen und der älteren Literatur zu verzichten, da dies in den Schulen der meisten Bundesländer nach wie vor zumindest fakultativ unterrichtet wird.

1.2.3 Linguistik (Sprachwissenschaft)

Die Linguistik als eigenständige universitäre Disziplin der Germanistik trat erst zu Beginn der siebziger Jahre des 20. Jahrhunderts auf den Plan. Bis dahin hatte weitgehend die sprachwissenschaftliche, germanistische Mediävistik linguistische Themen für sich reklamiert. Die ›Linguistisierung der Germanistik‹ führte dazu, dass Literaturwissenschaft und Sprachwissenschaft mehr und mehr Interaktionsmöglichkeiten über die Fachgrenzen hinweg preisgaben. Heute scheint ein Studium der deutschen Sprache ohne Literaturkenntnisse und umgekehrt ein Studium der deutschen Literatur ohne Kenntnisse der deutschen Sprachgeschichte bei konzeptuellen Überlegungen zur Neustrukturierung des Fachs Germanistik nicht mehr undenkbar zu sein.

1.2.4 Didaktik (Sprach- und Literaturdidaktik, Mediendidaktik)

Die Didaktik der deutschen Sprache und Literatur ist elementarer Bestandteil des Lehramtstudiums. Die universitäre Trennung von Sprachwissenschaft und Literaturwissenschaft gibt es in der Schule nicht. Demzufolge beinhaltet die Didaktik gleichermaßen Sprachdidaktik und Literaturdidaktik, heutzutage meist auch Mediendidaktik. Darunter ist aus der Sicht der schulischen Lehrpläne der verantwortungsvolle Umgang mit den neuen Medien zu verstehen. Fernsehen, Videos, Videospiele, Computerbenutzung, Internetangebote, Schreiben mit PC haben sich zu neuen kulturellen Techniken der Kommunikation und der Selbstvergewisserung entwickelt, die von der schulischen Bildung kritisch begleitet und reflektiert werden sollen. Die Studien- und Prüfungsordnungen für das Studium der Germanistik/Lehramt sind so aufgebaut, dass Sie auch Veranstaltungen im didaktischen Bereich belegen müssen. Dies regeln die entsprechenden Ausführungsbestimmungen an Ihrer Universität, eine bundesweite einheitliche Handhabung gibt es nicht.

1.3 Der Gegenstand der Literaturwissenschaft heute: Literatur, Medien, Kultur

Diese Einführung in das Studium der Neueren deutschen Literaturwissenschaft hat zum Gegenstand die Literatur seit Beginn des Buchdrucks. Sie handelt nicht von den Nachbardisziplinen Mediävistik (Ältere deutsche Literatur- und Sprachwissenschaft), Linguistik (Sprachwissenschaft), Literaturdidaktik, Medienwissenschaft, Theaterwissenschaft, Komparatistik (Vergleichende Literaturwissenschaft), auch wenn zahlreiche Fragestellungen, Problemmarkierungen und Lösungsansätze oder Lösungsvorschläge in allen Teilgebieten ähnlich oder sogar identisch sind. Wenn im Folgenden also stets von *Neuerer deutscher Literaturwissenschaft* die Rede ist und damit die Literatur vom Buchdruck bis zur Gegenwart gemeint ist, so soll gleich von Beginn an ein Missverständnis vermieden werden: Selbstverständlich beginnt die deutsche Literatur nicht erst mit ihrer drucktechnischen Verbreitung. Die *Mediävistik* (Wissenschaft von der mittelalterlichen Sprache und Literatur) ist ein eigenes Fachgebiet (zu dem es auch eigene praktikable und verständliche Einführungen gibt) und an den meisten Universitäten ebenso wie die *Linguistik* (Wissenschaft von der deutschen Sprache) eine eigene Teildisziplin innerhalb der Germanistik, personell und oftmals institutionell getrennt von der Neueren deutschen Literaturwissenschaft.

Literaturwissenschaft, das ist ein widersprüchlicher Name, geht es doch zum einen um so etwas ›Unseriöses‹, zumindest ›Unwissenschaftliches‹ wie Literatur, etwas, das nicht exakt bestimmbar, dessen Wert nicht klassifizierbar ist und dessen kulturelle und gesellschaftliche Wertschätzung sich jenseits von Aktienkursen und Kapitalvermehrung bewegt. Und zum anderen handelt Literaturwissenschaft von Wissenschaft, ein Begriff, der genau den gegenteiligen Anspruch erhebt, nämlich seriös und nachprüfbar zu sein.

Wer Literaturwissenschaft studiert, dessen Geduld wird früher oder später auf eine harte Probe gestellt, denn er muss sich der Antwort auf die grundsätzliche Frage stellen: Welches Ziel und welchen Zweck verfolge ich mit meinem literaturwissenschaftlichen Studium? Die Frage: Wie studiere ich generell Germanistik bzw. Literaturwissenschaft?, lässt sich vielleicht nicht einmal nach dem Examen zufrieden stellend beantworten. Die Frage indes: Wie beginne ich das Germanistikstudium effizient und zielorientiert?, muss dagegen bereits in den ersten Tagen beantwortet sein.

Deuten heißt kommunizieren

> Drei wichtige Voraussetzungen stehen am Anfang:
> 1. Zur Wissenschaft von der Literatur gehören systematische, methodische und historische Aspekte. Diese im Einzelnen auszubreiten und miteinander zu verknüpfen ist elementarer Bestandteil des Studiums. Das setzt voraus, dass
> 2. die Verbindung von Einführung und Vertiefung als genuine Aufgaben des Studierens begriffen werden. Dabei spielt
> 3. der methodische Doppelschritt von Beschreiben und Deuten eine zentrale Rolle beim Umgang mit Texten. Pointiert ausgedrückt kann man sagen: Deuten heißt kommunizieren und Textdeutung ist stets Kommunikation mit anderen Textdeutern über einen Text.

Auch wenn der einzelne Text uns meinen lässt, allein mit dem Text und unserer Deutung zu sein, steht dieser doch in einem schier unendlichen Kontinuum mit anderen Textdeutungen. Insofern bedeutet Textarbeit stets den Dialog mit diesen anderen Texten aufzunehmen. Friedrich Schlegel hat es so formuliert: Die Frage, was der Verfasser eines Werkes wolle, lasse sich beantworten, die aber, was das Werk sei, nicht.[4] Dialogwilligkeit und Dialogfähigkeit können also als weitere Voraussetzung eines Studiums der Neueren deutschen Literaturwissenschaft beschrieben werden.

---

4   Vgl. Friedrich Schlegel: Aus den Heften zur Poesie und Literatur [1794–1818], in: Ders.: Kritische Schriften und Fragmente. Hg. v. Ernst Behler und Hans Eichner. Studienausgabe in sechs Bänden. Paderborn, München, Wien, Zürich 1988, Bd. 5, S. 83, Nr. 1515.

1.3.1 Was ist Literatur?

Heinz Schlaffer hat in seinem Buch *Poesie und Wissen* (1990) die wunderliche, aber zutreffende Frage gestellt, wie es kommen konnte, dass die Beschäftigung mit Literatur im Laufe der Geschichte den Status einer Wissenschaft erlangt hat:

Die abschließende Gestalt in der historischen und logischen Reihe des intellektuellen Umgangs mit Poesie bildet die Literaturwissenschaft: Sie hat durch Überwachung der Texte, Methodik ihrer Behandlung, Qualifikation der Forscher, institutionelle Anbindung an die Universität und staatliche Förderung das Wissen von Poesie auf Dauer organisiert.
Auf dem langen Weg jedoch von der Dichtung als Wissen zum Wissen über Dichtung, zur Philologie also und zur Literaturwissenschaft, ging das Bewußtsein der ursprünglichen Konstellation, d. h. der Spannung zwischen dem Zauber der Dichtung und ihrer Entzauberung durch Wissen, im reflexionslosen Wissenschaftsbetrieb weitgehend verloren. (Schlaffer 1990, S. 234)

anjeusächisch

fiktionale und nicht-fiktionale Literatur

erweiterter Literaturbegriff

Auch wenn zahlreiche historische Erklärungen für den Wandel von der ›Dichtung als Wissen‹ zum ›Wissen über Dichtung‹ gefunden wurden, so bleibt doch festzuhalten, dass Lesen – und damit Deuten – seit der Medienrevolution des Buchdrucks in der zweiten Hälfte des 15. Jahrhunderts ein zentraler Vorgang kultureller Praxis ist. Die Frage ›Was ist Literatur?‹ ist nicht gleichzusetzen mit den Fragen ›Wozu ist Literatur gut?‹ oder ›Welche Funktion hat Literatur?‹ So vertraut uns der Umgang mit Büchern und Literatur sein mag, so schwierig ist die Frage ›Was ist Literatur?‹ zu beantworten. Grundsätzlich unterscheidet man zwischen fiktionaler und nicht-fiktionaler Literatur (die gelegentlich auch expositorisch genannt wird). Fiktionale Literatur handelt von Erfundenem, ihre Wirkung gründet auf der Fiktionalität ihrer Aussagen. Beispiele hierfür sind Romane, Gedichte, Dramen, Lieder. Nicht-fiktionale Literatur beansprucht einen Wahrheitswert, ihre Wirkung beruht auf der Echtheit (Authentizität und Dokumentarität) ihrer Aussagen. Beispiele sind so genannte Gebrauchstexte, von der Packungsbeilage bis zum Dokumentartheater, obgleich die Grenzen zwischen Fiktionalität und Nicht-Fiktionalität bei Letzterem ausgesprochen schwierig zu bestimmen sind. Dies führte in der Literaturwissenschaft zum so bezeichneten erweiterten Literaturbegriff, der sich nicht mehr nur auf fiktionale oder irgendwie poetisch geartete Texte beschränkt, sondern alle Textsorten unabhängig vom Status ihrer Fiktionalität umfasst.

Druckschriften

Handschriften

Literalität

Oralität

Transkription

Autopsie

Literatur kann gedruckt (Druckschriften) oder ungedruckt (Handschriften) oder nur mündlich überliefert sein. Man unterscheidet daher zwischen der Literalität und der Oralität der Überlieferung. Aber auch Handschriften können, etwa als Faksimile, gedruckt werden, Mündliches kann verschriftlicht oder hörbar gemacht werden. Eine Handschrift zu entziffern nennt man Transkription, ihren Druck oder ihre Transkription nochmals mit dem Original zu vergleichen Autopsie. Einen besonderen Status nehmen Texte ein, die im Internet bereitgestellt werden. Die mediale Form der Textdarbietung macht zwar einen Unterschied, sagt aber nichts über die Fiktionalität des Textes aus. Auch virtuelle Texte können fiktional oder nicht-fiktional sein. Der Einfachheit halber werden diese virtuellen Texte zur Gruppe der Druckschriften gerechnet. Die Rechtsprobleme in Hinsicht auf das Copyright von Texten, die ins Internet gestellt werden, zeigen, dass noch enormer Klärungsbedarf besteht. Die Frage: Was ist Literatur? damit zu beantworten, Literatur sei gedruckt, wie dies gelegentlich zu hören ist, wäre also falsch. In der Regel haben Sie es in Ihrem Studium aber mit Druckschriften zu tun.

Autor

Literatur ist von einem Autor geschrieben. Diese banale Aussage vermag dahingehend präzisiert zu werden, dass auch eine Autorin oder mehrere Autoren bzw. Autorinnen Literatur verfassen können. Was aber ist ein Autor? Diese Frage hat spätestens seit Michel Foucaults Aufsatz *Was ist ein Autor?* (dt. 1974) den Status eines zentralen wissenschaftstheoretischen Problems. Noch 1777 schrieb ein anonymer Zeitgenosse satirisch provozierend, ein Autor heiße »in unsern neueren Zeiten, ein Mensch, welcher Schriften in den Druck gegeben hat. Es ist eben nicht nöthig, daß sie aus seinem eigenen Gehirne geflossen seyn müssen. Er kann sie aus andern Büchern gestohlen haben. Es dürfen auch nicht große, schöne Werke seyn.«[5] Man sieht, dass die Polemik gegen den ›Ideenklau‹ mindestens so alt ist wie die Geschichte des Buchdrucks.

Solche Beschreibungen davon, was ein Autor ist oder nicht ist, können heute nicht mehr befriedigen, zu sehr hat sich das Bild des Autors im 20. Jahrhundert verändert. Sie machen allenfalls den geschichtlichen Wandel im Verständnis und Selbstverständnis der Literaten deutlich. Im Poststrukturalismus (im Anschluss an Roland Barthes und Michel Foucault) spielt die Frage nach dem Autor als intentionaler Instanz eines Textes keine Rolle mehr. Die Frage: Was will der Autor uns mit seinem Text sagen, wird also nebensächlich. Der Biographismus hingegen – ob positivistisch oder ichpsychologisch ausgerichtet – klammert sich gerade an das Untersuchungsfeld eines realen, historischen Autors und sucht im Text nach dessen Spiegelbild. Zwischen diesen beiden Extremen gilt es sicher zu navigieren.

1.3.2 Literaturwissenschaft als Kulturwissenschaft?

Wissenschaftsgeschichtlich gesehen speist sich das Interesse an Kultur aus mindestens drei unterschiedlichen Wissenschaftsdisziplinen: der Geschichtswissenschaft, der Kulturphilosophie und der Kulturwissenschaft als Volkskunde. Will man den derzeitigen Diskussionsstand bilanzieren, so wird die akademische Binnendifferenzierung der sich als Kulturwissenschaft verstehenden Wissenschaften noch komplexer. Das Fächerangebot entwickelt sich ebenso weiter wie die Anforderungsprofile im Erwerbsleben und die beruflichen Erwartungen gesellschaftlicher, institutionalisierter Kulturträger sich verändern.

---

5 Raritäten. Ein hinterlassenes Werk des Küsters von Rummelsburg. Dritter Theil. Nebst einer Vorrede über die Unentbehrlichkeit des schönen Geschlechtes, und mit vielen, blos zur Ausfüllung des Raumes dienenden Anmerkungen herausgegeben von Baldrian Schwarzpuckel. O. O. 1777, S. 28.

Seit 1983 kamen zahlreiche neue oder umstrukturierte Studiengänge zu den bereits bestehenden hinzu, u. a. sind dies:

- Kulturmanagement (HU Berlin, Hagen, Hamburg, Ludwigsburg),
- Kulturwirtschaft: Sprachen-, Wirtschafts- und Kulturraumstudien (Passau),
- Kulturwissenschaft (HU Berlin, Bremen),
- Kulturanthropologie und Europäische Ethnologie (Frankfurt a. M., Göttingen),
- Kulturwissenschaften (Frankfurt a. O., Leipzig),
- Kulturwissenschaften und ästhetische Praxis (Hildesheim),
- Angewandte Kulturwissenschaften (Lüneburg, Münster),
- Empirische Kulturwissenschaft (Tübingen),
- Kulturwissenschaftliche Weiterbildung (Hagen),
- Begleitstudium Angewandte Kulturwissenschaft (Karlsruhe),
- Europäische Kulturgeschichte (Augsburg, Frankfurt a. O.).

Die Zielsetzungen sind dabei höchst unterschiedlich. Während man in Berlin beispielsweise festlegt: »Anwendungsorientierte Ausbildung für soziale Bereiche, Kompetenzvermittlung für Konzeptionsentwicklung und Beratung bei öffentlichen und privaten Planungen, Entscheidungen in kulturellen Bereichen; Vermittlung ästhetischer Kompetenzen« (*Berufsbezogen studieren* 1993, S. 13), wird an der Universität Tübingen der Magisterstudiengang Empirische Kulturwissenschaft lernzielorientiert folgendermaßen definiert: »gründliche Reflexion auf das Verhältnis Kultur-Gesellschaft, Betonung der Alltagsperspektive und der gesamtgesellschaftlichen Zusammenhänge kultureller Erscheinungen, Kulturanalysen kulturaler Gegenstandsbereiche wie Alltags- und Freizeitverhalten, Massenkommunikation, Alltagsästhetik, Analyse kulturpolitischer und pädagogischer Aktivitäten. Versuch einer Änderung der Gesellschaft im Sinne ihrer Humanisierung« (ebd., S. 209). In dieser Übersicht ist noch nicht einmal die Rede von jenen Studiengängen, die sich inhaltlich durchaus mit einer kulturwissenschaftlich verstandenen Literaturwissenschaft berühren können, wie etwa der Kultursoziologie, dem Fach Deutsch als Fremdsprache, dem Magisterstudiengang Romanische Kulturwissenschaft (Interkulturelle Kommunikation) als Besonderheit der Saarbrücker Universität und dem Studiengang Interkulturelle Germanistik. Über neue Studiengänge wie Medienkulturwissenschaft als Erweiterung der Literaturwissenschaft wird seit Längerem nachgedacht (vgl. Schmidt 1990; Schönert 1996) und es ist abzusehen, dass sich in den kommenden Jahren hier enorme Veränderungen ergeben werden, dies vor allem auch unter dem Legitimationsdruck, in den sich die Literaturwissenschaft hat manövrieren lassen oder unter den sie unfreiwillig gesetzt wurde.

Seit einigen Jahren wird in der Germanistik die Möglichkeit diskutiert, die Literaturwissenschaft, die traditionell ausschließlich als Textwissenschaft begriffen wurde, nun im Konzert der wissenschaftlichen Disziplinen als eine Form kulturwissenschaftlichen Arbeitens zu verstehen. Ob damit ein neues Paradigma gefunden wurde, wie die Befürworter dieser Erweiterung hoffen, oder nur eine weitere, kurzlebige Mode auch die Germanistik erreicht hat, wie die Verächter meinen, muss die weitere Entwicklung der Forschung wie auch der Forschungslandschaft unter den entsprechenden hochschul- und wissenschaftspolitischen Rahmenbedingungen zeigen. Einigkeit indes besteht weitgehend darin, aus der Literaturwissenschaft jenseits der Lehrerausbildung auf keinen Fall eine ›Akzeptanzwissenschaft‹ zu machen, deren gesellschaftliche Anerkennung ausschließlich über politische und ökonomische Kriterien definiert wird, deren kultureller und wissenschaftlicher Wert also nach volkswirtschaftlichen Parametern bemessen und deren inhaltliche Bedeutung mit großindustriellen Anwendungs- und Nutzenkriterien bewertet wird.

Ein anderer Zugang zum Fach liegt darin, Kultur insgesamt als Text zu bestimmen (vgl. Geertz 1973; Bachmann-Medick 1996) – in diesem Zusammenhang wird auch oft eine anthropologische Wende in der Literaturwissenschaft ausgemacht – oder von einer ›Poetik der Kultur‹ zu sprechen (Greenblatt). Jüngst wurde eigens die Zeitschrift *KulturPoetik* als Diskussionsforum dieser disziplinären Neuorientierung ins Leben gerufen. Die Vielzahl der gängigen Kulturbegriffe trägt nicht gerade zur Übersichtlichkeit der Diskussion bei, doch zeigt sich an dieser Debatte, wie intensiv das Fach um eine innere Erneuerung ringt.

Einige grundsätzliche Aspekte lassen sich heute schon behelfsmäßig strukturieren:

– Wenn Literaturwissenschaft als eine Form von Kulturwissenschaft verstanden wird und damit eine Erweiterung des Gegenstands- und des Aufgabenbereichs, eine Veränderung des Methodeninventars und der Theoriebildung herkömmlicher literaturwissenschaftlicher Praxis einhergeht, so bleibt der Ausgangspunkt dieser Überlegungen allemal die Tatsache, dass Literaturwissenschaft zunächst eine Textwissenschaft ist, Texte also den Ausgangspunkt der inhaltlichen, methodischen oder theoretischen Diskussion darstellen. Aussagen über kulturelle Prozesse beispielsweise sind stets Aussagen über kulturelle Prozesse, die durch Texte dokumentiert werden.

Gegenstandsbereich

Intermedialität

– Literaturwissenschaft als Kulturwissenschaft bedeutet eine Erweiterung des Gegenstandsbereichs der kulturellen Darbietungsformen. Die Dominanz des Textes kann so durchaus gebrochen werden. Neben dem einen Medium kultureller Verständigung (Buch) geraten nun andere Medien und andere kulturelle Techniken (z. B. Film, Fernsehen, CD-ROM, Hypertext etc.) in den Blick. Die Intermedialität wird somit zu einem wichtigen Orientierungspunkt innerhalb der literaturwissenschaftlichen Navigation.

Aufgabenbereich

– Literaturwissenschaft als Kulturwissenschaft bedeutet ferner eine Erweiterung des Aufgabenbereichs. Formen der interkulturellen Kommunikation, sofern sie sich nicht in einem bloßen ethnographischen Vergleich erschöpfen wie beispielsweise die interkulturelle Germanistik, werden ebenso bedeutend in Lehre und Forschung wie Formen kultureller Praxis. Da bereits einige Bundesländer in ihren Lehrplänen für den gymnasialen Unterricht ausdrücklich kulturelle Praxis (Gestaltung von Festen und Feiern, Ritualisierungsformen, journalistische ›Propädeutika‹) festgeschrieben haben, besteht hier von Seiten der universitären Lehrerausbildung Handlungsbedarf. Das Handlungsfeld einer erweiterten Praxisorientierung über die Schule hinaus berührt sich mit Aufgaben und Tätigkeiten der Fachhochschulen, eine inhaltlich befriedigende oder gar abschließende Diskussion steht noch aus.

Theorie- und Methodenbereich

erweiterter Literaturbegriff

— Literaturwissenschaft als Kulturwissenschaft bedeutet schließlich eine unumgängliche Erweiterung des Theorie- und Methodenbereichs. Eine kulturwissenschaftliche Germanistik operiert mit einem erweiterten Literaturbegriff, wonach sich Literatur nicht mehr nur über das Kennzeichen der Fiktionalität definiert. Doch kann literaturwissenschaftliche Theoriebildung nicht einfach auf ein kulturwissenschaftliches Beispiel übertragen werden. Die Schwierigkeiten solcher Verkürzungen hat die Theoriedebatte in den vergangenen Jahren gezeigt, die noch keineswegs abgeschlossen ist. Zudem wirken literaturwissenschaftliche Methoden, die ausschließlich nach der textuellen oder ästhetischen Bedeutung kultureller Figurationen fragen, kaum erkenntnisfördernd. Die klassische philosophische Differenzierung zwischen erkenntnistheoretischen und ontologischen Modi macht auch hier Sinn. Die Erkenntnis des Gegenstandes ist nicht mit dem Gegenstand der Erkenntnis zu verwechseln. Wenn also ›Kultur als Text‹ begriffen wird, so muss dies aufmerksam getrennt werden von der Fragestellung ›Text als Kultur‹.

kulturelle Techniken

Schreiben und Lesen sind grundständige kulturelle Techniken. Deshalb stellt eine Literaturwissenschaft, die sich als Kulturwissenschaft versteht, beständig die Frage nach der kulturellen Funktion von Literatur. Eine kulturwissenschaftliche Germanistik – denn kulturwissenschaftliche Erweiterungsbemühungen gibt es in allen Teildisziplinen des Fachs – versucht ihren Ort in der Wissenschaftslandschaft erst noch zu finden. Sie trägt aber maßgeblich den historischen wie aktuellen kulturellen und gesellschaftlichen Veränderungen Rechnung, indem sie Fragestellungen der Intermedialität und der Interkulturalität zur Grundlage sowohl der wissenschaftlichen Textdeutung als auch der wissenschaftlichen Beschäftigung mit historischen und gegenwärtigen kulturellen Erscheinungsformen macht. Sie berührt sich dabei mit anderen Disziplinen wie beispielsweise der Kulturwissenschaft im engeren Sinn (Europäische Ethnologie, Volkskunde) und der Geschichtswissenschaft (Historische Anthropologie). Doch sollte man die mahnenden Worte des Hamburger Germanisten Jörg Schönert ernst nehmen: »Wo Germanistik bedingungs- und bedenkenlos zu einer kultur- und medienwissenschaftlichen Mega-Wissenschaft erhoben werden soll, wächst die Gefahr, daß Germanisten über Themen reden, von denen sie als Wissenschaftler nur wenig verstehen.« (Schönert 1993, S. 23)

1.4 Hilfsmittel der Neueren deutschen Literaturwissenschaft

Eine Aufgabe und Anforderung des Studierens liegt darin, möglichst schnell zu lernen, wo welche Informationen in welcher Form zu finden sind. Dies entspricht einem grundsätzlichen Training im Bereich Informations- und Wissensmanagement, das über die engen Fachgrenzen hinaus prinzipielle handwerkliche und kognitive Fertigkeiten vermittelt. Die Kenntnis von für das Fach grundlegenden Nachschlagewerken, Handbüchern, Anleitungen, Bibliographien und Zeitschriften ist für das zügige Recherchieren (und Studieren) unverzichtbar. Die Grundschwierigkeit, die dabei zu überwinden ist, lässt sich in der Frage bündeln: Wie gelange ich an

Informationen? Es gibt Standardwerke zum Studium der Neueren deutschen Literaturwissenschaft, die zur Anschaffung empfohlen werden und im Folgenden besonders gekennzeichnet sind. Die in eckigen Klammern angegebenen Abkürzungen orientieren sich an den eingeführten bibliographischen Siglen, wie sie u. a. die wichtige Zeitschrift *Germanistik* (s. u., 1.4.3) gebraucht. Gewusst wie, werden Sie sehr viel Zeit und Mühe bei der Suche nach (Forschungs-)Literatur sparen können. Doch muss hier schon betont werden, dass wissenschaftliches Arbeiten trotz aller Hilfen sehr viel Geduld und manchmal auch Mühsal bedeutet. Ein schnelles Ergebnis ersetzt – trotz aller Möglichkeiten der online-Recherchen – nie ein reflektiertes Ergebnis (weitere Hinweise hierzu in Kapitel 5).

1.4.1 Lexika, Handbücher

Lexika

Handbücher

Blinn, Hansjürgen: Informationshandbuch Deutsche Literaturwissenschaft. 4., völlig neu bearbeitete und stark erweiterte Ausgabe. Mit Internet- und CD-ROM-Recherche. Frankfurt a. M. 2001 [= ›der Blinn‹]

Dieses Informationshandbuch hat sich seit seinem Erscheinen 1982 zu einem unverzichtbaren Nachschlagewerk des literaturwissenschaftlichen Studiums entwickelt. Hier finden Sie alle grundsätzlichen bibliographischen Informationen, die Sie benötigen. Der erste Teil enthält einige knappe Bemerkungen über Bedeutung und Verfahrensweisen literaturwissenschaftlichen Recherchierens und Bibliographierens. Der zweite Teil nennt Einführungen in das Studium und in Fragen der Methoden- und Gattungslehre, Handbücher und Darstellungen zur Organisation des Studiums bis hin zu arbeitstechnischen Ratgebern, Gesamtdarstellungen des Fachs, wissenschaftsgeschichtliche Werke, Kompendien und Literaturgeschichten. Im dritten Teil werden Autoren-, Werk- und Sachlexika vorgestellt, der vierte Teil referiert über allgemeine und spezielle Bibliographien und der fünfte Teil enthält u. a. eine Zusammenstellung aller Fachzeitschriften. In sieben weiteren Teilen informiert dieses Handbuch über Sammelgebiete und Spezialbestände von Bibliotheken und Archiven, über Museen, Bibliotheken und Datenbanken, Akademien, wissenschaftliche Gesellschaften, Forschungs- und Arbeitsstellen, Autorenverbände, über Stiftungen und literarische Gesellschaften sowie über Literatur- und Kulturpreise. Ein ausgezeichnet differenziertes Register erleichtert die Handhabung, sodass trotz der reichen Fülle an Informationen (insgesamt über 23.000 Einträge) die gesuchte Auskunft schnell gefunden werden kann.

Lexika

Handbücher

Deutsches Literatur-Lexikon. Biographisch-bibliographisches Handbuch. Begründet v. Wilhelm Kosch. Hg. v. Heinz Rupp und Carl Ludwig Lang. 3., völlig neu bearbeitete Aufl. Bern 1999 [1. Aufl. 1966]. Bislang bis Bd. 26, Stichwort »Völckel-Wagner«, erschienen [= ›der Kosch‹]

Umfangreichstes, informations- und materialreichstes Autorenlexikon. Für Recherchen zu Referaten, Hausarbeiten oder Abschlussarbeiten unerlässlich.

Kindlers Neues Literatur Lexikon. Studienausgabe. Hg. v. Walter Jens. 21 Bde. München 1988

Solide lexikographische Basis ausgewählter Weltliteratur. Paraphrasierende Artikel stellen den jeweiligen Inhalt vor. Auch als Taschenbuchausgabe erhältlich.

Kritisches Lexikon zur deutschsprachigen Gegenwartsliteratur. Hg. v. Heinz Ludwig Arnold. 10 Ordner. München 1978 [= KLG]

Gibt es als Loseblattsammlung und als CD-ROM. Regelmäßige Nachlieferungen halten den Datenbestand aktuell. Die 56. Nachlieferung erschien 2001.

Literatur Lexikon. Autoren und Werke in deutscher Sprache. Hg. v. Walther Killy. München 1988–1993, einschließlich Registerband 15 Bände [= ›der Killy‹]

Zur Anschaffung unbedingt empfohlen, da die Artikel zu den einzelnen Autoren der Literaturgeschichte – wobei auch die unbekanneren, die so genannten poetae minores Berücksichtigung finden – in der Regel sehr gut recherchiert sind und mit wichtigen Literaturhinweisen weiterhelfen. Die beiden Bände mit Sachbegriffen (Band 13 und 14) informieren über zentrale Begriffe der Germanistik und können sinnvoll als Nachschlagewerk genutzt werden. Eine Taschenbuchausgabe wäre wünschenswert, da die gebundene Ausgabe derzeit vergriffen ist. Eine preiswerte CD-ROM-Version ist erhältlich.

Metzler Autoren Lexikon. Deutschsprachige Dichter und Schriftsteller vom Mittelalter bis zur Gegenwart. 3., aktualisierte und erweiterte Aufl. Hg. v. Bernd Lutz und Benedikt Jeßing. Stuttgart, Weimar 2004

Dieses einbändige Autorenlexikon ist eine nützliche Arbeitshilfe, die Auskünfte zu allen ›wichtigen‹ Autoren bietet. Natürlich kann das Buch nicht dieselbe Menge an Informationen enthalten wie ›der Killy‹, doch taugt es als Grundlage für die persönliche Bibliothek. Weniger bekannte, aber keineswegs weniger wichtige Autorinnen und Autoren wird man darin vergeblich suchen.

Metzler Literatur Lexikon. Begriffe und Definitionen. Hg. v. Günther und Irmgard Schweikle. 2., überarbeitete Aufl. Stuttgart 1990

Informiert ausführlich und zuverlässig über alle wichtigen Fachbegriffe, enthält aber nicht so viele Einträge wie ›der Wilpert‹.

Lexika

Handbücher

Reallexikon der deutschen Literaturwissenschaft. Neubearbeitung des Reallexikons der deutschen Literaturgeschichte. Bd. 1 [A-G] gemeinsam mit Harald Fricke, Klaus Grubmüller und Jan-Dirk Müller hg. v. Klaus Weimar. Berlin, New York. 1997; Bd. 2 [H-O] gemeinsam mit Georg Braungart, Jan-Dirk Müller, Friedrich Vollhardt und Klaus Weimar hg. v. Harald Fricke. Berlin, New York 2000; Bd. 3 [P-Z] gemeinsam mit Georg Braungart, Harald Fricke, Klaus Grobmüller, Friedrich Vollhardt und Klaus Weimar hg. v. Jan-Dirk Müller. Berlin, New York 2003

Dieses dreibändige Lexikon stellt eine völlige Neubearbeitung des älteren *Reallexikons der deutschen Literaturgeschichte* dar, das zwischen 1925 und 1931 erstmals erschienen war, in einer zweiten Auflage 1958–1988. Die Namensänderung von ›Literaturgeschichte‹ zu ›Literaturwissenschaft‹ ist bereits Teil der Wissenschaftsgeschichte der Germanistik. Sie macht nämlich den Wandel des Selbstverständnisses des Fachs weg von einer ausschließlich historisch denkenden und arbeitenden Disziplin zu einer selbstreflexiven Wissenschaft deutlich. So wünschenswert es wäre, so unwahrscheinlich ist es, dass dieses grundlegende und für das Fach Neuere deutsche Literaturwissenschaft einzigartige Lexikon baldmöglichst auch in Taschenbuchversion zu einem erschwinglichen Preis für Studierende verkauft wird. Derzeit liegt der Ladenpreis bei € 128 bzw. 158 pro Band.

Wilpert, Gero von: Sachwörterbuch der Literatur. 8., erweiterte Aufl. Stuttgart 2001 [= ›der Wilpert‹]

Dieses Taschenlexikon kann als Klassiker des Germanistikstudiums bezeichnet werden. Alle einschlägigen Fachbegriffe werden knapp behandelt. Die Literaturangaben zu den einzelnen Artikeln sind meist veraltet. Dennoch als Nachschlagewerk zur Erstinformation unverzichtbar.

1.4.2 Bibliographien

Bibliographien

Bibliographie der deutschen Sprach- und Literaturwissenschaft. Begründet v. Hanns W. Eppelsheimer, fortgeführt v. Clemens Köttelwesch, hg. v. Bernhard Koßmann. Frankfurt a. M. Bd. 1 ff., 1971 ff. [= ›der Eppelsheimer-Köttelwesch‹] www.bdsl-online.de

Eine der umfangreichsten Bibliographien des Fachs (bis zum Jahr 2000 sind 40 Bände erschienen), die regelmäßig erscheint und solide Auskunft gibt über wissenschaftliche Arbeiten (Bücher, Aufsätze, Artikel) zu Autoren und Themen. Wenn Sie ein Referat, eine Hausarbeit oder eine Abschlussarbeit – gleich zu welchem Thema – vorbereiten, ist die Recherche mit dem ›Eppelsheimer-Köttelwesch‹ unerlässlich.

Gesamtverzeichnis des deutschsprachigen Schrifttums (GV) 1700 bis 1910. 160 Bde. und Nachtragsband. München 1979–1987 [= GV alt]

Bibliographien

Gesamtverzeichnis des deutschsprachigen Schrifttums (GV) 1911 bis 1965. 150 Bde. München 1976–1981 [= GV neu]

Diese beiden GVs bieten eine nahezu vollständige Übersicht über die im Zeitraum von 1700 bis 1965 erschienene deutschsprachige wissenschaftliche und nicht-wissenschaftliche Literatur. Erfasst werden nur die selbstständigen Publikationen, jedoch unabhängig vom Fachgebiet. Quellentexte finden sich ebenso wie wissenschaftliche Literatur.

Goedeke, Karl: Grundriß zur Geschichte der deutschen Dichtung. Aus den Quellen. 2. bzw. 3., ganz neu bearbeitete Auflage. 15 in 22 Bänden. Dresden, Berlin 1884–1966. Nachdruck 1975. Bd. 16ff. Berlin 1985ff. [= ›der Goedeke‹]

Eine Neubearbeitung dieses grundlegenden Werks ist seit 1962 in Vorbereitung. Bis heute ist sie jedoch nicht abgeschlossen, lediglich ein einziger Band ist bislang veröffentlicht worden. Die gesamte Forschungsliteratur, die im Goedeke genannt wird, ist deshalb veraltet, neuere Autoren sind nicht enthalten; doch sind die Daten zur Quellenliteratur älterer Autorinnen und Autoren von unschätzbarer Ausführlichkeit und Vollständigkeit. Der Goedeke ist ein eindrucksvolles Beispiel positivistischen Gelehrtenfleißes. Achten Sie darauf, dass Sie stets mit der umfangreicheren 3. Auflage arbeiten.

Hartmut Rambaldo: Index zu Goedeke, Grundriß zur Geschichte der deutschen Dichtung. Nendeln 1975

1975 erschienener Registerband zu den einzelnen Autoren in alphabetischer Reihenfolge, der die sonst etwas unübersichtliche Anlage des Werks erleichtert.

Hirschberg, Leopold: Der Taschengoedeke. Bibliographie deutscher Erstausgaben. 2. Aufl. München 1990 [= ›der Taschengoedeke‹]

Eine Taschenbuchausgabe des Goedeke in einem Band – also eine strikte Auswahl aus dem umfangreichen Gesamtwerk – erschien 1990 bei dtv. Dieser Band ist ein hilfreiches Nachschlagewerk zur schnellen Erstinformation über die Werke einzelner Autoren bis zum Ende des 19. Jahrhunderts.

MLA International Bibliography – Datenbank. Online-Recherche

Erscheint seit 1922 in Buchform, die Jahrgänge ab 1963 sind aber auch online verfügbar. Jede Universitäts- oder Institutsbibliothek bietet heute die Möglichkeit zur Online-Recherche. Sie finden im Internet für die MLA International Bibliography drei Online-Distributoren unter *http://www.mla.org/publications/index.htm*. Sie haben damit den gebührenpflichtigen Zugriff auf die internationale MLA-Datenbank und andere Datenbanken. Dennoch sollten aus Gründen der Vollständigkeit die bibliographischen MLA-Recherchen stets ergänzt werden durch Recherchen in den einschlägigen deutschsprachigen Bibliographien wie dem ›Eppelsheimer-Köttelwesch‹ und der *Germanistik*. Weitere Bibliographien und Spezialbibliographien finden Sie im ›Blinn‹, Kap. D 1.

1.4.3 Zeitschriften und Jahrbücher

Zeitschriften und Jahrbücher

Das Abonnement von wissenschaftlichen Zeitschriften kann man heutzutage Studierenden kaum mehr guten Gewissens empfehlen, da die Kosten trotz aller Vergünstigungen nach Vorlage von Studienbescheinigungen enorm hoch sind. So sind die meisten Studierenden genötigt, auf das Angebot der Universitäts- und Institutsbibliotheken zurückzugreifen, deren Abonnements jedoch nach und nach Sparmaßnahmen zum Opfer fallen oder die allenfalls ein einziges Exemplar zur Verfügung halten. Tragen Sie gegebenenfalls durch beharrliches Nachfragen nach nicht abonnierten wissenschaftlichen Zeitschriften bei Bibliotheken und Professoren mit dazu bei, dass diese ihre Verantwortung zur wissenschaftlichen Grundversorgung der Studierenden wahrnehmen und für die Bereitstellung der einschlägigen Fachzeitschriften sorgen.

Zeitschriften informieren nicht nur über aktuelle wissenschaftliche Diskussionen und Forschungsthemen, sondern auch über wissenschaftliche Neuerscheinungen (lesen Sie deshalb immer auch die Verlagsanzeigen und die Listen eingegangener Bücher), über Tagungen und Kongresse und vereinzelt auch über Forschungsprojekte, Editionen und Personalien. Wer sich also über die neuesten wissenschaftlichen Arbeiten, über Diskussionen im Fach informieren möchte, sollte regelmäßig die nachfolgend genannten Zeitschriften und Jahrbücher zur Hand nehmen. Auch hierfür sollten Sie bei der Erstellung Ihres persönlichen ›Stundenplans‹ von Anfang an genügend Zeit einplanen.

Um einem Missverständnis vorzubeugen: Auf die Lektüre derjenigen Zeitschriften, die hier nicht näher vorgestellt werden, wie beispielsweise *Arcadia*, *Amsterdamer Beiträge zur neueren Germanistik* etc., kann deshalb nicht grundsätzlich verzichtet werden. In eckigen Klammern finden Sie die jeweilige fachübliche Abkürzung (Sigle) angegeben:

Zeitschriften und Jahrbücher

Arbitrium. Zeitschrift für Rezensionen zur germanistischen Literaturwissenschaft

Enthält ausschließlich Rezensionen, die teils sehr umfangreich sind. Informiert über das wissenschaftliche Leben.

Archiv für das Studium der neueren Sprachen und Literaturen

Die älteste Fachzeitschrift, besteht seit 1846.

Colloquia Germanica. Internationale Zeitschrift für germanische Sprach- und Literaturwissenschaft

Enthält Aufsätze zu Themen der deutschen Literatur und Sprache.

Deutsche Vierteljahrsschrift für Literaturwissenschaft und Geistesgeschichte [= DVjs]

Der Titel täuscht über die konzeptuelle Offenheit dieser Zeitschrift, die mit zu den wichtigsten des Fachs gehört.

Der Deutschunterricht [= DU]

versammelt fachwissenschaftliche und fachdidaktische Beiträge und versucht den Brückenschlag zwischen Hochschule und Schule. Nicht zu verwechseln mit der Zeitschrift *Deutschunterricht*, die unterrichtspraktischen Aspekten gewidmet ist.

Euphorion. Zeitschrift für Literaturgeschichte

Hier finden Sie Aufsätze über Themen der gesamten Breite der Literaturgeschichte (von den Anfängen bis zur Gegenwart).

Germanisch-Romanische Monatsschrift [= GRM]

Veröffentlicht komparatistische, alt- und neugermanistische Beiträge.

Germanistik. Internationales Referatenorgan mit bibliographischen Hinweisen

Diese in Zeitschriftenform seit 1960 quartalsweise erscheinende Bibliographie verzeichnet alle Neuerscheinungen der wissenschaftlichen Literatur auf dem Gebiet der Germanistik. Das reicht von der mittelalterlichen Literatur bis zur Gegenwartsliteratur, von Methodenfragen bis zu Editionsproblemen. Enthält außerdem auch Kurzrezensionen, die wegen ihres referierenden, knappen Charakters sehr gut informieren.

Internationales Archiv für Sozialgeschichte der deutschen Literatur [= IASL]

Versteht sich als Plattform für Themen einer sozialgeschichtlichen Literaturwissenschaft. Beachten Sie das Angebot IASL online!

KulturPoetik. Zeitschrift für kulturwissenschaftliche Literaturwissenschaft

Begreift sich als Forum einer methodisch und disziplinär offenen kulturgeschichtlichen Literaturwissenschaft.

Zeitschriften

LiLi. Zeitschrift für Literaturwissenschaft und Linguistik [= LiLi]

Der Titel ist Programm – einer der letzten Versuche, die sich mehr und mehr auseinander entwickelnden Disziplinen Literaturwissenschaft und Sprachwissenschaft in einer Zeitschrift in einem gemeinsamen Dialogfeld zusammenzuführen.

literatur für leser. Zeitschrift für Interpretationspraxis und geschichtliche Texterkenntnis

Literaturwissenschaftliche und literaturdidaktische Themen.

Mitteilungen des Deutschen Germanistenverbandes

Enthalten regelmäßig auch Beiträge zu literatur- und sprachdidaktischen Fragen in der Schule.

Sprache im technischen Zeitalter

Widmet sich vor allem der neueren deutschen Literatur und Sprache.

Sprache und Literatur

Bis 1994 erschienen unter dem Titel *Sprache und Literatur in Wissenschaft und Unterricht.* In den Beiträgen werden linguistische und literaturwissenschaftliche Themen diskutiert.

Weimarer Beiträge. Zeitschrift für deutsche Literaturgeschichte [= WB]

Wichtigste germanistische Zeitschrift der ehemaligen DDR. Seit 1992 heißt sie ›Weimarer Beiträge. Zeitschrift für Literaturwissenschaft, Ästhetik und Kulturwissenschaften‹ und ist thematisch und methodisch postmodern orientiert.

Wirkendes Wort. Deutsche Sprache und Literatur in Forschung und Lehre [= WW]

Alt- und neugermanistische sowie literaturdidaktische Veröffentlichungen.

Zeitschrift für deutsche Philologie [= ZfdPh]

Eine der ältesten Zeitschriften des Fachs.

Zeitschrift für Germanistik [= ZfG]

Nicht zu verwechseln mit dem im Untertitel so genannten »Referatenorgan« *Germanistik.* Die *Zeitschrift für Germanistik* enthält ausschließlich wissenschaftliche Aufsätze. War bis 1989 wichtiges Publikationsorgan der DDR-Germanistik. Seit 1991 neues Konzept.

Wichtige Zeitschriften der Auslandsgermanistik:

— Etudes Germaniques
— German Life and Letters [= GLL]
— Publications of the Modern Language Association of America
— Recherches Germaniques
— The Modern Language Review

Jahrbücher

Jahrbücher sind, sofern sie einen repräsentativen Querschnitt durch die (durchaus heterogene) Fachdiskussion bieten und regelmäßig Spezialbibliographien zur Verfügung stellen, unverzichtbares Handwerkszeug für das literaturwissenschaftliche Studium. Man muss dabei grundsätzlich zwischen Themenjahrbüchern und Autorenjahrbüchern unterscheiden. Die hier vorgestellte Auswahl ist keineswegs repräsentativ, sondern soll lediglich zur unmittelbaren und weiteren Beschäftigung mit diesem Medium wissenschaftlicher Forschung anregen.

Goethe-Jahrbuch [= GJb]

> Enthält neben wissenschaftlichen Aufsätzen, Rezensionen zur Goethe-Forschung und weiteren Mitteilungen jeweils eine umfassende Bibliographie zur Goethe-Forschungsliteratur. Insofern ist dieses Jahrbuch auch ein unverzichtbares bibliographisches Findebuch zu Goethe.

Jahrbuch der Deutschen Schillergesellschaft [= JbDtS]

> Wird oft auch als Schiller-Jahrbuch bezeichnet. Enthält seit 2000 jährlich eine umfassende und sehr übersichtliche Bibliographie zur aktuellen Schiller-Forschung.

Jahrbuch für Internationale Germanistik

> In verschiedenen Reihen werden unterschiedliche Themenschwerpunkte gesetzt. Reihe B informiert über laufende germanistische Dissertationen in Kurzfassungen und nennt Themen projektierter Doktorarbeiten. Allerdings sind die Angaben keineswegs repräsentativ und das Jahrbuch erscheint sehr unregelmäßig.

Lenz-Jahrbuch / Sturm-und-Drang-Studien [= LJb]

> Informiert in Aufsätzen, Rezensionen und mit einer Liste eingesandter Bücher über Jakob Michael Reinhold Lenz im engeren und über die Literatur des Sturm und Drang im weiteren Sinn.

Weitere Jahrbücher:

- Athenäum. Jahrbuch für Romantik
- Editio. Internationales Jahrbuch für Editionswissenschaft
- Eichendorff-Jahrbuch
- Gutenberg-Jahrbuch
- Hebbel-Jahrbuch
- Hölderlin-Jahrbuch
- Hofmannsthal-Jahrbuch
- Jahrbuch des Freien Deutschen Hochstifts
- Johnson-Jahrbuch
- Lessing-Yearbook

- Lichtenberg-Jahrbuch
- Musil-Forum

1.4.4 Hinweise für Lehramtsstudierende

Im Folgenden werden zusätzlich bibliographische Hilfsmittel und Zeitschriften genannt, die besonders für Studierende der Lehramtsstudiengänge (Gymnasium, Realschule, Gesamt-/ Grund- und Hauptschule, berufliche Schulen) im Hinblick auf ihr späteres Arbeitsfeld zu empfehlen sind. Grundsätzlich gilt, dass die wissenschaftliche Ausbildung der Lehramtsstudierenden ebenso fundiert verläuft wie die Ausbildung bei Magisterexamen oder Direktpromotion (also Promotion ohne vorheriges Magisterverfahren). Das bedeutet, dass die unter dem Stichwort ›Hilfsmittel‹ ausgesprochenen Empfehlungen natürlich auch für das Lehramtsstudium gelten und nicht mehr eigens angeführt werden. Darüber hinaus gibt es eine Reihe von speziellen Werken, die schon im Studium sinnvoll in die Ausbildung integriert werden können. Für weitere Lektüreempfehlungen sei ausdrücklich auf die einschlägigen Handreichungen zur Literaturdidaktik verwiesen.

Allgemeine pädagogische Zeitschriften sind nicht angeführt. Die Zeitschriften *Deutschunterricht, Der Deutschunterricht, Mitteilungen des deutschen Germanistenverbandes, Sprache und Literatur in Wissenschaft und Unterricht* und *Wirkendes Wort* enthalten stets auch fachdidaktische Aufsätze und Informationen. Daneben gibt es eine Reihe von spezialisierten Zeitschriften, z. B. *Praxis Deutsch. Zeitschrift für den Deutschunterricht* (für alle Schulformen). Zusätzlich sei hingewiesen auf: *Deutschdidaktik, Diskussion Deutsch. Zeitschrift für Deutschlehrer aller Schulformen in Ausbildung und Praxis, Jahrbuch der Deutschdidaktik.*

Wichtige Bücher:

Wichtige Bücher

Braak, Ivo: Poetik in Stichworten. Literaturwissenschaftliche Grundbegriffe. Eine Einführung. 8., überarbeitete und erweiterte Aufl. Bearbeitet und hg. v. Martin Neubauer. Stuttgart 2001

Grund, Uwe: Indices zur sprachlichen und literarischen Bildung in Deutschland. München, Bd. 1ff., 1991ff.

Hermes, Eberhard: Abiturwissen Drama. 6. Aufl. Stuttgart 1997

Hermes, Eberhard: Abiturwissen Erzählende Prosa. 9. Aufl. Stuttgart 2001

Hermes, Eberhard: Abiturwissen Lyrik. 9. Aufl. Stuttgart 2000

Schlepper, Reinhard: Was ist wo interpretiert? Eine bibliographische Handreichung für das Lehrfach Deutsch. 8., vollständig überarbeitete Aufl. Paderborn 1997

Schmidt, Heiner: Quellenlexikon der Interpretationen und Textanalysen. Personal- und Einzelwerkbibliographie zur deutschen Literatur von den Anfängen bis zur Gegenwart. Ein Handbuch für Schule und Hochschule. 12 Bde., Duisburg 1984–1987

Taschenbuch des Deutschunterrichts. Grundfragen und Praxis der Sprach- und Literaturdidaktik. Hg. v. Günter Lange, Karl Neumann, Werner Ziesenis. 6., vollständig überarbeitete Aufl. 2 Bde. Baltmannsweiler 1998

Weitere Literaturangaben zur Methodik und Praxis des Deutschunterrichts erhalten Sie im zweiten Ausbildungsabschnitt, wenn Sie als Referendar oder Referendarin an den Studienseminaren teilnehmen. Weitere Zeitschriften finden Sie auch im ›Blinn‹, Kap. E 5.

2 Grundlagen der Textinterpretation

2.1 Allgemeine Hinweise

Zu den allgemeinen methodischen Voraussetzungen der Textinterpretation gehört, dass stets nach den Bedingungen der Produktion, der Distribution, der Rezeption und der möglichen Transformation eines Textes gefragt wird. Beim interpretativen Umgang mit Texten – das kann schon das Lesen betreffen oder die schriftliche Ausarbeitung der Interpretation – gehen wir dabei von zwei grundsätzlichen Prämissen (Voraussetzungen) aus:

symbolische Deutungsebene

1. Jedem Text ist eine symbolische Deutungsebene eingeschrieben. Die Interpretation erschöpft sich also nicht in einem Nachbuchstabieren (Paraphrasieren) des Textes. Sie versucht vielmehr, über die Buchstäblichkeit der Zeichen hinauszugehen und im Zusammenspiel von Text und Interpreten etwas zur Sprache zu bringen, worüber auf den ersten Blick der Text scheinbar keine Aussage, eine ungenaue Aussage oder eine eindeutige Aussage macht. Ob wir dies mit dem Begriff ›Sinn‹ (›Textsinn‹ oder ›Autorsinn‹), ›ästhetischer Mehrwert‹, ›Diskurs‹ oder anders benennen, ist zunächst nicht entscheidend.

methodischer Doppelschritt

2. Jedem Textinterpretieren liegt der methodische Doppelschritt von Beschreiben und Deuten zugrunde. Dem Deuten geht stets die genaue Beschreibung, die Sicherung des Befunds, voran. Hierzu sind solide handwerkliche Kenntnisse unabdingbar. Deuten ohne Beschreiben ist inhaltsleer, Beschreiben ohne Deuten bleibt blind. Nur durch das Zusammenspiel von Beschreiben und Deuten kann ein Text ausgeleuchtet werden und vermögen wir mit ihm und über ihn mit anderen zu kommunizieren.

Stellen Sie vor jeder Textinterpretation stets drei Basisfragen an den Text:

– Was sagt der Text (historisch) zu seinen Lesern? Dies betrifft die Rekonstruktion oder zumindest die annähernde, versuchsweise Rekonstruktion des historischen Erwartungshorizonts, so der hermeneutische Fachbegriff, eines Textes oder seines Autors.

– Was sagen die (historischen) Leser zum Text? Diese Frage zielt auf die Rekonstruktion und Bewertung der Rezeptionsgeschichte, also auf die Rekonstruktion des Erwartungshorizonts der (historischen) Leser.

– Was sagt der Text aktuell; also was sagt er uns heute bzw. was sagen wir heute zu ihm? Mit dieser Frage wird der aktuelle Stellenwert eines Textes in unserer Gegenwart untersucht. Dies kann sowohl eingeschränkt nur den Text als auch erweitert den Text und seine aktuelle Rezeption betreffen.

Die Textinterpretation ist durch vier verschiedene Schritte gekennzeichnet:

gründliche Lektüre

1. Der erste Schritt besteht in einer gründlichen Lektüre des Textes. Dies schließt wiederholte Lektüregänge des gesamten Textes oder ausgesuchter Textstellen mit ein. Beharrlichkeit und Geduld beim Lesen sind eine unverzichtbare Voraussetzung. Neuere deutsche Literaturwissenschaft studieren heißt auch sich hierin einzuüben, kaum jemand bringt diese Fertigkeiten im ersten Semester bereits mit. Literaturwissenschaft ist keine Angelegenheit des schnellen Tagesgeschäfts, es ist ein langfristiges Unternehmen, in dessen Verlauf Sie Schritt für Schritt Kenntnisse und Fertigkeiten erlernen.

Beschreiben und Deuten

2. Der zweite Schritt besteht in dem kombinierten Verfahren von Beschreiben und Deuten. In Ihrer Textinterpretation beschreiben Sie die wissenschaftlichen Befunde und deuten diese.

Mikroanalyse

3. Der dritte Schritt besteht in der Mikroanalyse. Textinterpretation bedeutet Mikroanalyse des Textes. Hier greifen

Sie auf die Erfahrungen und Resultate des textgenauen Lesens zurück. Die Mikroanalyse schließt eine Funktionenanalyse mit ein. Das bedeutet, dass Sie stets bei allen Beobachtungen und Erkenntnissen, die Sie über den Text oder zum Text gewinnen, die Frage stellen, welche Funktion das Beschriebene hat. Dies kann beispielsweise die Beobachtung von sprachlicher Auffälligkeit in Figurenrede oder Erzählerkommentar sein.

Kontextanalyse

4. Der vierte Schritt besteht in der Kontextanalyse. Kontextanalyse bedeutet Makroanalyse. Hier werden jene Faktoren untersucht und in die Textinterpretation eingebunden, welche die Entstehung eines Textes (Produktion), die Verbreitung eines Textes (Distribution) und die Aufnahme eines Textes beim Leser (Rezeption) bedingen. Stellen Sie also stets bei der Interpretation eines Textes die klassische ›PDR‹-Frage, die Frage also nach seiner Produktion, Distribution und Rezeption. Einen Text zu deuten heißt seinen Kontext zu deuten. Die Makroanalyse zielt daher auf den Zusammenhang von Autor, Werk und Epoche. Text und Kontext stehen in einem historisch gewachsenen und aktuell bedingten Wechselverhältnis. Der Kontext eines Textes kann vom Autor her gesehen lebensgeschichtlich-biographisch bestimmt sein; vom Gesamtwerk her gesehen werkgeschichtlich, also mit Blick auf andere Werke des Autors; vom Text auf andere Texte hin Bedeutung gewinnen (Intertextualität) oder er kann allgemein sozialgeschichtlich determiniert sein:

Produktion

– Die Produktion betrifft die Autorseite. Biographische Aspekte des Autorlebens, die Fragen nach seiner sozialen Herkunft, nach der Bildungssozialisation etc. gehören hierher. Ist der Autor Vertreter einer Elitenkultur (Bildungselite), so kann seine soziale Herkunft beispielsweise durchaus die Themenwahl bestimmen etc. Aber auch werkgeschichtliche Aspekte können berücksichtigt werden, etwa die Frage nach den Entstehungsbedingungen des Textes, nach der Überlieferung, nach der Handschriften- oder Druckgeschichte oder die Frage danach, wie der einzelne Text innerhalb einer Werkgruppe oder innerhalb des Gesamtwerks des Autors zu platzieren ist. Auch ästhetische Bedin-

gungen, unter denen ein Text entsteht, sind hier zu berücksichtigen. Dies reicht von der Wahl der Textsorte über au-
torspezifische ästhetische Maßstäbe und stilistische Entscheidungen bis hin zu epochenspezifischen Merkmalen,
welche die ästhetische Diskussion der Zeit bestimmen.

Distribution – Die Distribution betrifft die Verbreitung eines Textes. Wie
wird er verkauft, über welche Handelswege gelangt er zum
Publikum? Buchhandelsgeschichtliche Fakten mögen hier
ebenso erhellend sein wie Aspekte allgemeiner historischer
Faktoren (politische Zensur, theologische Zensur, Spielplä-
ne von Bühnen, territorial- und konfessionsbedingte Un-
terschiede bei der Verbreitung des Textes, Stadt-Land-Ge-
fälle etc.). Die Rolle und Funktion der Kulturindustrie ge-
winnt in der Moderne maßgeblichen Einfluss. Die Rolle
der Literaturkritik (medial differenziert in Print- und Elek-
tronikmedien) ist ebenso zu berücksichtigen wie die Rolle
der Literatur im Fernsehen (z. B. Verfilmung). Schließlich
können auch Editionsaspekte über die Distribution eines
Textes (etwa seinen Bekanntheitsgrad) entscheiden.

Rezeption – Die Rezeption betrifft die Fragen, wer den Text liest oder
kauft und wie er aufgenommen (rezipiert) wird. Die Gren-
zen zwischen distributiven und rezeptiven Aspekten sind
fließend. Fragen der Alphabetisierung möglicher historischer Leser (Leserforschung) spielen ebenso eine Rolle wie
ästhetische oder politische Bedingungen der Rezeption.
Der Aspekt der Kanonisierung von Texten (beispielsweise
in der Schul- und Hochschullektüre, im Bildungskanon
des 19. Jahrhunderts oder in allgemeinen Leselisten) sollte
dabei nicht unberücksichtigt bleiben.

Zwischen allen drei Frageebenen gibt es selbstverständlich Be-
rührungen, ja Überschneidungen. So sind etwa Fragen der
Distribution nicht immer klar von Fragen der Rezeption zu
trennen und Produktionsaspekte betreffen gelegentlich die
Distributionsseite. Untersucht man nur einseitig die Produk-
tionsseite eines Textes, so bleibt man in der Immanenz des
Textes und seines Autors gefangen. Untersucht man ausschließlich die Distributionsseite eines Textes, so entgeht einem der spezifisch literarisch-ästhetische Charakter eines

Textes, das Werk wäre allenfalls Beispiel für allgemeine sozial-ökonomische Faktoren. Untersucht man einseitig die Rezeptionsseite und interessiert sich ausschließlich dafür, wie, wo und wann ein angenommener (virtueller) historischer Leser unter welchen Bedingungen den Text gelesen haben könnte, so erfährt man viel über die Rezeptionsbedingungen eines Textes, aber wenig über den Text selbst. Insgesamt gilt daher: innertextuelle Fragen (Binnenperspektive) an einen Text zu stellen bedeutet, den ästhetischen Mehrwert eines Textes zu erhellen.

Autor – Text – Epoche

Unabhängig von der Wahl der jeweiligen Methode folgt die Interpretation eines Textes stets dem dreischrittigen Verfahren Autor – Text – Epoche.

Autor

Biographie

1. Fragen nach dem Autor
   – Biographie: Wann ist der Autor geboren? Was wissen wir über diese Zeit? Achten Sie auf die Geschlechterdifferenz (inwiefern entscheidet das Geschlecht des Autors über Bildungschancen, Schreibformen, Rezeptionsweisen etc.), auf Merkmale der Sozialisation (Familie, Ausbildung, Gesellschaft). Zu welchem Zeitpunkt entstand der Text, wie beurteilt der Autor später dieses Werk? Die Begriffe ›Frühwerk‹ und ›Spätwerk‹ werden bei einzelnen Autoren gelegentlich zur Unterscheidung von Entwicklungsphasen gebraucht. Achten Sie darauf, dass Sie nicht biologistisch argumentieren, also vom Lebensalter auf den literarischen Wert schließen. Beispiel: Der junge Goethe, der späte Frisch etc.

Ideographie

   – Ideographie: Welche Schreibabsicht(en) hat der Autor (nicht zu verwechseln mit ›Autorsinn‹ oder ›Autorintention‹)? Vertritt der Autor eine bestimmte ideologische oder religiöse Position? Beispiel: Darstellung des Klassenkampfes in der marxistischen Literatur; Moraldidaxe in der Literatur der Aufklärung; Antibürgerlichkeit im Dadaismus.

Soziographie

   – Soziographie: Welche Einflüsse auf den Autor und sein Werk lassen sich nachweisen? Welchen Einfluss übt der Autor selbst auf andere aus? Welchen Einfluss hat die literaturgeschichtliche Epoche auf den Autor? Verhält sich der

Autor Epochenmerkmalen gegenüber affirmativ oder kritisch, bestätigt er also den Epochenstil und das Epochendenken oder setzt er sich kritisch damit auseinander, kehrt sich vielleicht davon ab? Wie schlägt sich dies im Schreiben nieder, als Gesellschaftskritik oder als Idealisierung? Welchen Einfluss hat dies auf Schreibformen und Darstellungsweisen (beispielsweise die Wahl der Gattung)? Vermeiden Sie aber Spekulationen. Nur was Sie belegen können (im Rückgriff auf Forschungsliteratur oder durch eigene Erkenntnisse), sollte zur Diskussion gestellt werden. Wenn Sie mit Einflussthesen arbeiten, dann kennzeichnen Sie diese ausdrücklich als solche.

Text

Textphilologie

Textsignifikanz

2. Fragen nach dem Text
– Textphilologie: Textgenese, Erscheinungsort, Erscheinungsjahr, Druckgeschichte. Was erfahren Sie über die Textkonstitution? Wie gesichert ist der Ihnen vorliegende Quellentext? Ist er von einem Herausgeber so angeordnet oder vom Autor autorisiert? Gibt es davon abweichende andere Ausgaben mit anderen Textdarbietungen? Gibt es verschiedene Fassungen? Ist der Text je gedruckt worden oder nur handschriftlich überliefert? Ist der Text anonym erschienen oder von mehreren Autoren verfasst worden (Gruppenkonstellationen)?
– Textsignifikanz: Achten Sie zunächst auf das, was der Text unmittelbar an Informationen freigibt: Titel, Untertitel, möglicherweise Gattungsbezeichnung, Wahl der Typographie, Verlag, Druckort. Gehört der Text einer traditionellen Gattung an oder arbeitet er mit innovativen Erweiterungen? Was haben diese gegebenenfalls zu bedeuten? Ist der Text eine Art ›Mustertext‹ für eine Gattung (z. B. Goethes *Werther* für die Gattung des Briefromans)? Gibt es spezifische Gattungsmerkmale im Text? Achten Sie auf Brüche und Mischformen: Gibt es einen erkennbaren Individualstil im Text? Ist der Text funktionalisiert, hat er einen bestimmten ›Auftrag‹ zu erfüllen (z. B. dokumentarisch, ideologisch)? Achten Sie auch auf Lenkungsfunktionen im Text (z. B. Leseranrede, deiktische Verfahren des Autors).

Strukturanalyse   – Strukturanalyse: Achten Sie auf den Ort, die Zeit und die Handlung des Textes, auf Haupt- und Nebenfiguren, auf die Sprache der Figuren (Sprachanalyse), auf die gewählte Erzählperspektive, auf die Differenzierung von Autor, Erzähler/Kommentar, Figur und lyrischem Ich.

Kontextsignifikanz   – Kontextsignifikanz: Beachten Sie den literaturgeschichtlichen Kontext, auf den sich ein Text in den Phasen der Produktion, der Distribution (z. B. Buchhandel, Zensurmaßnahmen) und der Rezeption (wer konnte was, wann, wie lesen?) bezieht (diese Phasen können bei einzelnen Texten sehr weit auseinander liegen). Wie verhält sich der einzelne Text zur literaturgeschichtlichen Epoche (traditionell, innovativ, affirmativ, kritisch)? Bedenken Sie den sozio- und psychohistorischen Kontext eines Textes: Wie verhält sich ein Text zu bestimmten zeitgenössischen Mentalitäten, transportiert er diese unbesehen, verhält er sich affirmativ oder kritisch? Welchen historischen und sozialen Bedingungen sind Produktion, Distribution und Rezeption eines Textes unterworfen? Kontext betrifft auch das Verhältnis des einzelnen Textes zum Gesamtwerk des Autors. Dann heißt die Frage: Wie ist der Stellenwert des einzelnen Textes im Verhältnis zum Gesamtwerk zu beschreiben?

Epoche
Epochensignifikanz

3. Fragen nach der Epoche

– Epochensignifikanz: Achten Sie auf die geschichtliche Vernetzung Ihrer an Autor und Text gewonnenen Erkenntnisse. Dies betrifft zunächst literaturgeschichtliche Perspektiven im engeren Sinn, kann und sollte freilich auch auf allgemeine kulturhistorische Themen geöffnet werden. An dieser Stelle macht sich der Einfluss der gewählten Methode besonders bemerkbar, d. h. die Wahl der Methode entscheidet auch über die Öffnung Ihres Interpretationshorizonts für textübergreifende historische Fragen: Welcher Epoche oder literaturgeschichtlichen Periode ist der Text zuzurechnen? Finden sich Hinweise und Merkmale im Text selbst? Wie offensichtlich operiert der Text damit? Gestaltet sich der Umgang affirmativ oder kritisch? Gibt es einen erkennbaren Epochenstil im Text?

Fakten sammeln

Thema erkennen

Methode klären

Zusammenfassendes Schema zu den Aspekten einer Textinterpretation

1. Kontextualisierung (Makroanalyse):
1.1 Autor – Zeit/Literaturgeschichte
1.2 Text – Werk/Literaturgeschichte
1.3 Textstelle – Text

2. Binnenperspektivik (Mikroanalyse):
2.1 Sprache
2.2 Figuren
2.3 Themen/Motive

Beachten Sie grundsätzlich: Fakten sammeln, Thema erkennen, Methode klären.

2.2 Gattungen

»Zum großen Nachteil der Theorie von den Dichtarten vernachlässigt man so oft die Unterabteilungen der Gattungen«, schrieb Friedrich Schlegel.[6] Was er als Problem erfasste, erfahren die Literaten wie ihre Kritiker heutzutage – in der Regel – als enormen Zugewinn an ästhetischer Freiheit. Eine Gattungslehre ist in erster Linie von historischem Interesse. Sie enthält heute keine Anweisungen mehr für junge Schriftstellerinnen und Schriftsteller, wie und in welcher Form bestimmte Texte zu gestalten seien und welcher Gattung man sich zu bedienen habe. Gattungslehre heute bedeutet vor allem, ein Instrumentarium zur Analyse von Texten zur Hand zu haben, die in der Regel ebenso wie ihr gattungsspezifischer Bezugsrahmen historisch sind. Deshalb finden Sie hier detaillierte Ausführungen lediglich zu den Großgattungen Prosa, Drama und Lyrik. Die so genannten Gebrauchstexte, also jene Texte und Textsorten, die nicht fiktional sind, spielen im Weiteren keine Rolle. Ebenso werden auch spezielle Erklärungen

---

6 Friedrich Schlegel: Kritische Schriften und Fragmente. Hg. v. Ernst Behler und Hans Eichner. Studienausgabe in sechs Bänden. Paderborn, München, Wien, Zürich 1988, Bd. 2, S. 105, *Athenäums*-Fragment Nr. 4 von 1798.

etwa zum Begriff der Novelle (als einem Beispiel für eine Prosauntergattung), des Singspiels (als einem Beispiel für eine Dramenuntergattung) oder des Sonetts (als einem Beispiel für eine Lyrikuntergattung) nicht angeführt. Hier hilft die Bibliographie am Ende des Buches weiter.

Prosa

Drama

Lyrik

Das Analyseschema ist bei allen drei Großgattungen Prosa, Drama und Lyrik in seiner Grundstruktur gleich. Gleichwohl verstehen sich die folgenden Hinweise und Empfehlungen lediglich als Ausgangspunkt für das weitere, vertiefende Studium. Man müsste also Schlegel mit Schlegel selbst antworten: »Die gewöhnlichen Einteilungen der Poesie« – worunter er nicht nur die Lyrik, sondern allgemein die Literatur versteht – »sind nur totes Fachwerk für einen beschränkten Horizont«.[7] Aber dieses Fachwerk gibt dem Haus der Textinterpretation immer noch Halt.

Die grundsätzliche Frage, vor der Sie als Studienanfängerin und -anfänger stehen, lautet: Wie beginne ich eine Textanalyse? Natürlich finden sich hier verschiedene Wege und Möglichkeiten, die Reihenfolge der einzelnen Schritte kann, ja muss gelegentlich variiert werden, um den individuellen Besonderheiten eines Textes oder seinem Epochencharakter gerecht werden zu können. Doch gibt es einige wesentliche Merkmale der Textanalyse, die unverzichtbarer Bestandteil jeder analytischen Tätigkeit sind. Und um die geht es hier. Wissenschaftliche, d. h. also analytische Lektüre unterscheidet sich grundlegend von der ›privaten‹, der kontemplativen Lektüre, die mindestens ebenso bedeutend und berechtigt ist. Für den wissenschaftlichen Kontext indes bleibt kontemplative Lektüre willkürlich.

2.2.1 Prosaanalyse

Signifikanz des Titels

Beginnen Sie stets mit der exakten Beobachtung der Informationen zum Autor, zum Titel und zum Untertitel, wie sie sich auf dem Titelblatt Ihres Textes finden. Die Signifikanz des Titels kann bei der späteren Deutung des Gesamttextes oder

---

7 Friedrich Schlegel: Kritische Schriften und Fragmente, Bd. 2, S. 154, *Athenäums*-Fragment Nr. 434.

einzelner Textstellen von außerordentlicher Wichtigkeit sein. So stellen sich beispielsweise bei Goethes Romantitel *Die Leiden des jungen Werthers* die Fragen – die dann für die weitere Textinterpretation wichtig sind –, worin diese Leiden bestehen oder was das Epitheton ›jung‹ zu bedeuten hat.

Achten Sie darauf, welche Informationen der Text selbst über seine Gattungszugehörigkeit preisgibt. Handelt es sich beispielsweise bei einem Roman um einen Bildungsroman, einen Entwicklungsroman, einen Briefroman, einen pragmatischen Roman oder einen historischen Roman? Dies gilt selbstverständlich auch für die Prosauntergattungen wie Novelle, Erzählung, Tagebuch usw.

Text und Kontext

TuK-Axiom

Textanalyse

– Um der Forderung nach einer Verbindung von Text und Kontext (die wir kurz das TuK-Axiom nennen können) als Grundlage der Textinterpretation gerecht zu werden, beginnen Sie zunächst mit der Textanalyse. Sie enthält zwei wesentliche Punkte, einmal die Analyse der literarischen Darstellung wie Gestaltungsmittel, Motive, Themen und sprachliche Mittel, zum anderen die Formanalyse, welche die Erzählsituation (Ort, Zeit, Handlung) und die Erzählperspektive betrifft.

Man unterscheidet drei Erzählperspektiven:

1. Der Ich-Erzähler erzählt in der ersten Person Singular, also stets aus einer bestimmten Perspektive (meist der Perspektive der Hauptperson).

2. Der Er-Erzähler oder der personale Erzähler erzählt den Text in der dritten Person Singular, wie ein ›neutraler‹, zumindest distanzierter Beobachter.

3. Der auktoriale (oder omnipotente) Erzähler ist der allwissende Erzähler. Er kennt auch das Innenleben aller seiner Figuren genau, weiß, wie sie fühlen und was sie denken.

Die Unterscheidung zwischen Autorrede, Erzählerrede und Figurenrede ist wichtig. Verwechseln Sie nie die Ansicht des Autors (wenn sich diese überhaupt eruieren lässt) mit derjenigen eines fiktiven Erzählers oder derjenigen einer fiktiven Figur. Ein polyperspektivischer Prosatext mischt unterschiedliche Erzählperspektiven.

Kontextanalyse

    – Die Kontextanalyse bezieht Angaben über den Autor, Angaben über weitere Werke dieses Autors oder ähnliche Werke anderer Autoren, die Gattung des interpretierten Textes und ihren historischen Stellenwert sowie Angaben zur Epoche oder literaturgeschichtlichen Periode, sofern sie für die Textinterpretation zielführend sind, mit ein. Fragen Sie stets danach, welche literarische, literaturgeschichtliche und allgemein kulturgeschichtliche Funktion das von Ihnen Beschriebene besitzen kann (Funktionenanalyse). Literarische Texte lassen sich über ihre ästhetische Bedeutung hinaus auch als psychohistorische und kulturhistorische Dokumente einer Gesellschaft zu einem bestimmten historischen Moment verstehen, die uns Auskunft geben über die Befindlichkeit, die Wertvorstellungen, kurz: die Bewusstseinsformen und Verhaltensstandards einer Gesellschaft im historischen Prozess.

Klären Sie schließlich die Bedingungen der Produktion, Distribution und Rezeption des Textes, den Sie interpretieren (= sozialgeschichtliche Trias).

Zusammenfassendes Schema zur Prosaanalyse

1.	Text	
1.1	Formanalyse	
1.1.1	Erzählsituation:	Ort
		Zeit (erzählte Zeit / Erzählzeit)
		Handlung
1.1.2	Erzählperspektive:	Ich-Erzähler
		Personaler Erzähler
		Auktorialer Erzähler
Fragen Sie stets:		Wer spricht? Unterscheiden Sie
		zwischen Autor, Erzähler und Figur
1.2	Darstellung	
1.2.1	Gestaltungsmittel:	Figurenrede, Figurengestaltung (psychische
		Binnenperspektive, Charakterisierung, Geschlech-
		terdifferenz)
		direkte/indirekte Rede
		Bedeutung der Kommunikation (Figuren, Situation)
		Signifikanz des Titels/Untertitels
1.2.2	Motive/Themen:	Leitmotive, Blindmotive
1.2.3	Sprachliche Mittel:	Stilistik, Rhetorik, Satzbau
2.	Kontext	Autor
		Werke
		Gattung
		Epoche / Periode
Fragen Sie stets:		a) nach der Funktion (Funktionenanalyse) des
		Beschriebenen
		b) nach der sozialgeschichtlichen Trias von
		Produktion, Distribution und Rezeption des
		Textes

2.2.2 Dramenanalyse

Tragödie

Komödie

Katharsis

Die grundsätzlichen Hinweise zur Prosaanalyse gelten auch für die Analyse von Dramen. Achten Sie auf die Signifikanz des Titels. Klären Sie die Gattungszugehörigkeit; ein bürgerliches Trauerspiel ist etwas anderes als ein Märtyrerstück oder ein Stück des Dokumentartheaters. Ob das Drama eine Tragödie oder eine Komödie ist (oder vielleicht ein Mischtyp, eine so genannte Tragikomödie), macht einen wesentlichen Unterschied aus. Die Tragödie zielt nach klassischer Lesart beim Rezipienten auf Mitleid (mit dem tragischen Helden) und Furcht (davor, selbst in eine ähnliche Situation zu geraten), während die Komödie dem Verlachen (der komischen Hauptperson) als befreiendem Lachen der Rezipienten verpflichtet ist. In der Dramentheorie wird dies seit Aristoteles als Katharsis (Reinigung von diesen Affekten durch deren Zurschaustellung) beschrieben.

Weitere Definitionsmerkmale sind:

Ständeklausel

– die Ständeklausel: Nur hoch gestellte Persönlichkeiten sind tragödienfähig, während die Hauptfiguren von Komödien den niederen Gesellschaftsschichten entlehnt sind.

Fallhöhe

– die klassische Fallhöhe: Je höher eine Person gesellschaftlich gestellt ist, desto tiefer kann sie aufgrund schuldhaften oder unverschuldeten Verhaltens fallen und desto größer ist für die Zuschauer der identifikatorische oder der kontraidentifikatorische Effekt.

Das Schürzen und Lösen des dramatischen Knotens muss auf der strukturellen Ebene der Analyse sorgfältig verfolgt werden. Bei der Figurenanalyse ist vor allem auch das Moment der Anagnorisis (Wiedererkennung, fällt oft mit der Peripetie, dem Umschlag von Glück in Unglück oder der rechtzeitigen Verhinderung eines Unglücks zusammen) zu beachten. Allerdings gilt einschränkend, dass die Literatur der Moderne (bis in die Gegenwart hinein) sich mehr und mehr von den Bedingungen, den Gepflogenheiten und den Zwängen der klassischen, traditionellen dramenanalytischen Kriterien entfernt. Anders gesagt: Es macht einen Unterschied, ob Sie die *Antigone* des Sophokles, die *Maria Stuart* von Schiller oder Elfriede Jelineks *Sportstück* interpretieren.

Zusammenfassendes Schema zur Dramenanalyse

1.	Text	
1.1	Formanalyse	
1.1.1	Gattung:	Tragödie (tragischer Konflikt),
		Komödie
		historische Formen: Märtyrerdrama, Bürgerliches
		Trauerspiel, Typenkomödie, Singspiel etc.
1.1.2	Formale Struktur:	Gliederung (Akt/Aufzug, Szene/Auftritt):

3 Akte Einleitung/Exposition (1. Akt)
        Höhepunkt/Peripetie (2. Akt)
        Katastrophe (3. Akt)

5 Akte Einleitung/Exposition (1. Akt)
        Steigerung, erregendes Moment (2. Akt)
        Höhepunkt (3. Akt)
        Peripetie (4. Akt)
        Katastrophe (5. Akt)

dramatis personae (im Drama auftretende Figuren)
Figurenrede (Dialoganalyse);
Sprache
Regieanweisungen

1.1.3	Theoretische Merkmale:	Anagnorisis, Katharsis, Peripetie,
		Fallhöhe, Ständeklausel
1.1.4	Drei Einheiten:	Ort, Zeit, Handlung
2.	Kontext	Autor
		Werke
		Gattung
		Epoche/Periode

Fragen Sie stets:		a) nach der Funktion (Funktionenanalyse) des
		Beschriebenen
		b) nach der sozialgeschichtlichen Trias von Pro-
		duktion, Distribution und Rezeption des Textes

2.2.3 Lyrikanalyse

Gedichte

Zur Großgattung der Lyrik zählen alle Gedichte in gebundener oder ungebundener, in gereimter oder ungereimter Art. Optisch unterscheiden sich lyrische Texte von Prosatexten schon durch die typographischen und darstellungsästhetischen Besonderheiten. Rhythmisch sind Gedichte oft, sofern sie nicht der visuellen Spielart angehören (so genannte Figurengedichte), durch die Verwendung von deutlichen, im Sprachrhythmus nachvollziehbaren Metren zu erkennen.

Bei der Formanalyse eines lyrischen Textes sind immer folgende Kriterien zu untersuchen:

Versform

– Versform: Prüfen Sie, welches Metrum dem Text zugrunde liegt. Die gängigsten Metren in der deutschsprachigen Lyrik sind Jambus (xx́), Trochäus (x́x), Anapäst (xxx́) und Daktylus (x́xx). Der Akzent kennzeichnet die Betonung der jeweiligen Silbe (x). Verszählung und Zeilenzählung sind identisch. Wenn Sie also aus einem Gedicht zitieren, geben Sie stets den Vers des Gedichts an. Ein Vers, der mit einer Betonung endet, wird männlich genannt (m), ein Vers, der unbetont endet, weiblich (w). Achten Sie also bei der Formanalyse auf die Betonungen am Ende der Zeile. Als besondere Formen des Jambus kehren Knittelvers und Alexandriner in der deutschen Lyrik immer wieder. Ist kein Versmaß (Metrum) zu erkennen, was bei den meisten Gedichten der Moderne der Fall ist, so ist diese Beobachtung in der Formanalyse mit dem Stichwort freie Rhythmen ebenfalls festzuhalten.

Reimform

– Reimform: Vers-Enden, die sich reimen, erhalten in der Formanalyse die gleichen Kleinbuchstaben des lateinischen Alphabets, z. B.: ›abba‹ bedeutet, dass sich die Verse eins und vier sowie die Verse zwei und drei reimen. Die gängigsten Reimformen sind der Paarreim (aabb), der Kreuzreim (abab), der umarmende Reim (abba), der verschränkte Reim (abcabc), der Schweifreim (aabccb) und der Kettenreim (ababcbcdc).

Gedichtform

– Gedichtform: Achten Sie auf die verwendeten Stilmittel und die rhetorischen Mittel, auf die Sprache, insbesondere den Gebrauch von Substantiven, Verben und Adjektiven, auf die Bedeutung von Farben und Tönen, Bewegungen und Jahreszeiten in einem Gedicht. Und beschreiben sie schließlich auch formale Signifikanzen, wie z. B. das Enjambement (Zeilensprung). Formale Auffälligkeiten korrespondieren meist mit einer inhaltlichen Bedeutung.

Bei der Inhaltsanalyse eines lyrischen Textes sind folgende Kriterien zu untersuchen:

— Wer spricht? Auch ein Gedicht hat einen Sprecher. Wenn ein Ich spricht, so wird dies das lyrische Ich genannt.
— Was ist das Thema des Gedichts? (Naturgedicht, Liebesgedicht, Großstadtgedicht, Rollengedicht etc.).
— Auch bei der Lyrikanalyse müssen Text-Kontext-Beziehungen beschrieben und gedeutet werden.
— Welche Funktion kommt den beschriebenen formalen Beobachtungen und Auffälligkeiten zu? Die Verwendung eines bestimmten Metrums, einer bestimmten Reimform oder einer bestimmten Gedichtform ist oftmals ein Epochenindiz. So ist beispielsweise der Alexandriner in Form eines Sonetts ein weit verbreitetes Medium lyrischen Sprechens in der Barockliteratur. Epochenspezifische Kenntnisse müssen hier also mit der unmittelbaren Deutungsarbeit am lyrischen Text verknüpft werden. Ein Barockgedicht lässt sich nicht wie ein Gedicht von Ernst Jandl analysieren, und umgekehrt.

Zusammenfassendes Schema zur Lyrikanalyse

1.	Text	
1.1	Formanalyse	
1.1.1	Versform:	Metrum (Jambus, Trochäus, Anapäst, Daktylus; m., w.), Knittelvers, Alexandriner etc.
1.1.2	Reimform:	Paarreim (aabb)
		Kreuzreim (abab)
		umarmender Reim (abba)
		verschränkter Reim (abcabc)
		Schweifreim (aabccb)
		Kettenreim (ababcbcdc)
1.1.3	Gedichtform:	z.B. Sonett, Ode, Ballade, Lied
		Stilmittel, rhetorische Mittel
		Sprache (Substantive, Verben, Adjektive; Farben, Töne, Bewegungen, Jahreszeiten etc.)
		Bedeutung formaler Signifikanzen, z.B. Enjambement
1.2	Inhaltsanalyse	Wer spricht?
		Titel, Thema
		Lyrisches Ich
		Rollengedicht
2.	Kontext	Autor
		Werke
		Gattung
		Epoche/Periode
Fragen Sie stets:		a) nach der Funktion des Beschriebenen (Funktionen-analyse)
		b) nach der sozialgeschichtlichen Trias von Produktion, Distribution und Rezeption des Textes

2.3 Fachbegriffe der Textinterpretation

Um die ästhetischen Qualitäten eines Textes handwerklich zu erfassen ist es notwendig, sich mit einigen historischen und systematischen Voraussetzungen vertraut zu machen. Hierzu zählen Aspekte der Rhetorik, der Poetik, der Editorik, der Metrik und der Stilistik, die in die Arbeits- und Analysetechniken der Neueren deutschen Literaturwissenschaft eingegangen sind. Einige der nachstehend aufgeführten Fachbegriffe aus diesen Gebieten werden Sie möglicherweise im Deutsch- oder Sprachunterricht schon gelernt haben. Es kommt im Germanistikstudium insgesamt darauf an, diese analytischen Kenntnisse sinnvoll in die Deutungsarbeit zu integrieren. Insofern versteht sich die Liste als erste Orientierung und zugleich auch als Hilfe bei der Lektüre dieses Buchs, sie soll keineswegs ein gutes Lexikon ersetzen. Aufgenommen sind nur jene termini technici (Fachbegriffe), welche in den unmittelbaren Zusammenhang des Themas ›Einführung in die Neuere deutsche Literaturwissenschaft‹ gehören.

Zusammenfassende Übersicht zu den Fachbegriffen

Ästhetik / Poetik

Ästhetik
Autor
Autorintention
Distribution
Epochenstil
erweiterter
  Literaturbegriff
expositorischer Text
Fiktionalität
hermeneutischer Zirkel
Höhenkammtext
Individualstil
innerer Monolog
Intertextualität
kursorische Lektüre
Majuskel
Mikrolektüre
Metrik
Poetik
Primärliteratur
Produktion
Quellentext
Rezeption
Sekundärliteratur
selbstständige
  Publikation
statarische Lektüre
Stilistik
Transformation
Zitierfähigkeit

Rhetorik

Allegorie
Alliteration
Anakoluth
Anapher
Antithese
Aposiopese
Asyndeton
Chiasmus
Elision
Ellipse
Epipher
Euphemismus
figura etymologica
genera dicendi
Hyperbel
Hypotaxe
Inversion
Klimax
Litotes
Metapher
Metonymie
Oxymoron
Parataxe
Parenthese
Personifikation
Pleonasmus
Rhetorik
Zeugma

Editorik

Apparat
Archivalie
Ausgabe letzter Hand
Autograph
Autopsie
Bibliographie
diplomatischer
  Abdruck
Editorik
editio princeps
Edition
Emendation
Faksimile
historisch-kritische Ausgabe
Kollation
Konjektur
Lemma
Lesart
Leseausgabe
Raubdruck
Recensio
Sigle
Studienausgabe
Transkription
Variante
Virgel

Ästhetik	Seit Mitte des 18. Jahrhunderts versteht man darunter jene (philosophische) Disziplin, die sich mit Fragen der Kunst im Allgemeinen beschäftigt. In der Gegenwart ist dabei die Frage nach dem Modus der sinnlichen Erkenntnis (Sehen, Fühlen, Hören), welche die klassische Ästhetik bestimmte, zweitrangig geworden. ›Das Schöne‹ als Gegenstand der Ästhetik kann mit Blick auf seine immanenten Strukturen oder im Hinblick auf seine gesellschaftliche und kulturelle Bedeutung oder Funktion untersucht werden. Man unterscheidet zwischen einer Produktions- und einer Rezeptionsästhetik. Die Grenzen zwischen Literaturästhetik und Poetik sind fließend.
Allegorie	Sinnbild, z. B. *Amor* als Sinnbild der Liebe.
Alliteration	Stabreim, z. B. *Haus und Hof, Kind und Kegel.*
Anakoluth	Abbruch oder falsche Fortführung der syntaktischen Logik eines Satzes, z. B. *In der Literatur finden sich oft Motive, obgleich nicht immer, die, aber das ist ein anderes Thema.*
Anapher	Wiederholung gleicher Wörter zu Beginn einer Verszeile oder eines Satzes, z. B. *O Liebe, dein Wittern! / O Liebe, dein Reich!* (Jacobi); Gegenbegriff: Epipher.
Antithese	Rhetorische Figur, die gegensätzliche Begriffe zusammenbringt, z. B. *Was dieser heute baut / reist jener morgen ein* (Gryphius).
Aposiopese	Rhetorische Figur (Form der Ellipse), Abbruch der Rede, wodurch die Affektivität des Gesagten unterstrichen wird. Stilmittel u. a. im Drama des Sturm und Drang und im klassischen Drama, z. B. *Brave Leut sind allenthalben zu brauchen, aber Schurken, die den Namen vom Gelehrten nur auf den Zettel tragen und im Kopf ist leer Papier ...* (Lenz).
Apparat	Darunter versteht man zunächst jene Handreichung für Leser, die einem edierten Text beigegeben ist, sie kann als Fußnotenapparat oder als Anmerkungsapparat erscheinen. Gewöhnlich informiert der Apparat über die Text- und Druckgeschichte, über wichtige biographische Details zum Autor, erklärt schwierige Wörter und kennzeichnet und erläutert Veränderungen, die ein Herausgeber im Text vorgenommen hat. In einer historisch-kritischen Ausgabe fallen die editionsphilologischen Bemerkungen im Apparat dementsprechend umfangreicher aus als etwa im Apparat zu einer Studien- oder Leseausgabe. – Apparat oder Semesterapparat nennt man

auch eine kleine Handbibliothek, die eigens für die Veranstaltungen eines Semesters für die Studierenden in der Institutsbibliothek eingerichtet wird. Diese Bücher können in der Regel nicht ausgeliehen werden. Ein Semesterapparat enthält wichtige Standardwerke der Quellen- und der Sekundärliteratur, so genannte Findebücher sowie Ordner mit weiteren Unterlagen, wie beispielsweise Protokolle der einzelnen Sitzungen, Kopiervorlagen etc.

Archivalie Handschriftliches oder gedrucktes Schriftstück, das in einem Archiv ruht, wie z. B. eine Dichterhandschrift oder ein Brief, möglicherweise auch nicht veröffentlicht.

Asyndeton Reihung von einzelnen Sätzen, Satzgliedern oder Wörtern ohne Bindewörter, z. B. *So muß auch unser Nam, Lob, Ehr und Ruhm verschwinden* (Gryphius).

Ausgabe letzter Hand Editionsphilologischer Begriff, der jene Ausgabe von Texten meint, die als letzte zu Lebzeiten eines Autors/einer Autorin von ihm/ihr selbst zur Veröffentlichung autorisiert wird. Das bekannteste Beispiel ist die sechzigbändige Ausgabe der Werke Goethes, die den Titel trägt *Vollständige Ausgabe letzter Hand.* – Dem Modell einer Ausgabe letzter Hand liegt die Vorstellung zugrunde, dass die letzte Textfassung zugleich die beste sei. Erst durch die Hinwendung zu einer rezeptionsorientierten Literaturwissenschaft rückten die Bedeutung des Erstdrucks eines Textes und die Frage, wie dieser Text von den zeitgenössischen Lesern rezipiert wurde, mehr und mehr in den Vordergrund. Heute steht es einem Herausgeber frei, sich bei der Edition eines Textes für den Erstdruck oder für einen späteren Druck zu entscheiden oder im Rahmen einer historisch-kritischen Ausgabe die einzelnen Text- und Druckstufen im Apparat ausführlich zu dokumentieren oder zu rekonstruieren.

Autograph Eigenhändig geschriebenes Schriftstück (Brief, Manuskript oder anderes).

Autopsie Editionsphilologischer Begriff, der den Vorgang bezeichnet, bei dem ein für den Druck konstituierter Text nochmals mit dem Original verglichen wird; unerlässlicher Arbeitsschritt.

Autor Über die Frage *Was ist ein Autor?* wird seit Foucaults gleichnamiger Publikation von 1969 gestritten. Unzweifelhaft hingegen ist das alltagssprachliche Verständnis. Autor heißt demnach die Person, die einen fiktionalen oder nicht-fiktionalen Text verfasst – im Gegensatz zu einem Herausgeber, der den vom Autor verfassten Text lediglich zum Druck befördert. Dass ein Text einen eindeutig identifizierbaren Autor hat, ist in der Literaturgeschichte keineswegs immer gegeben. Bis weit in die zweite Hälfte des 18. Jahrhunderts hinein war es durchaus üblich, anonym zu veröffentlichen, also auf die Angabe des Autornamens auf dem Titelblatt eines Werks zu verzichten. Auch das Wissen um die Autorschaft eines Textes entscheidet über dessen ästhetische Bewertung, nicht jedoch über seinen Wert. Bei der Textanalyse muss stets zwischen dem Autor, der Figur (dem Protagonisten oder altmodisch dem Helden) und dem Erzähler unterschieden werden. Nur selten sind alle drei Textinstanzen identisch.

Autorintention

Die ältere Literaturwissenschaft interessierte sich stets für die Autorintention, gebündelt in der Frage an den Text: Was will der Autor uns damit sagen? So berechtigt und interessant diese Frage in manchen Fällen sein mag, so sehr räumt sie wilden Spekulationen über die vermeintliche Absicht des Autors Platz ein. Man sollte stets im Auge behalten, dass ein Text auch gegen die Intention seines Autors gelesen bzw. interpretiert werden kann. Damit betritt man bereits literaturtheoretischen Boden, denn: Wie lässt sich die Intention eines Autors aus seinem Text rekonstruieren? Oder: Woher nimmt man das Recht, die Autorität des Autors zu stürzen und einen Text gegen die Autorintention zu deuten?

Bibliographie

Verzeichnis von selbstständigen und/oder unselbstständigen Veröffentlichungen, thematisch, chronologisch oder alphabetisch gegliedert.

Chiasmus

Rhetorische Figur, meint die kreuzweise Stellung (abba) von Satzgliedern oder Sätzen, z. B. *Der Nebel steigt / es fällt das Laub* (Storm).

diplomatischer Abdruck

Originalgetreuer (Neu-)Druck einer handschriftlichen Vorlage, der auch die Einrückungen, typographischen Besonderheiten, Zeilenlänge, Fehler etc. der Vorlage wiedergibt. Nicht zu verwechseln mit dem Reprint, dem originalgetreuen Nachdruck einer Textvorlage (Handschrift oder Druck).

Distribution

In der Neueren deutschen Literaturwissenschaft hat sich bei der Textanalyse die Arbeit mit der klassischen sozialgeschichtlichen Trias von Produktion, Distribution und Rezeption eines Textes durchgesetzt. Das bedeutet erstens, dass man bei der Textanalyse Aspekte (Faktoren und Bedingungen) der Herstellung, der Erzeugung, des Schreibens etc. eines Textes beachtet (Produktion); zweitens, dass die buchhandels- oder verlagsgeschichtlichen Verbreitungswege eines Textes verfolgt werden (Distribution) und schließlich drittens, dass die Faktoren und Bedingungen seiner Aufnahme beim Lesepublikum (Rezeption) berücksichtigt werden. Mehr und mehr werden dabei auch mediengeschichtliche Aspekte der medienbedingten Veränderung eines Textes (Transformation) bedeutsam, beispielsweise dann, wenn es sich um einen Medienwechsel handelt vom Buch zur Bühne oder vom Buch zur Verfilmung etc.

Editorik
Wissenschaft von der Edition und ihren Prinzipien.

editio princeps
Erstausgabe, also jener Druck, in dem ein Text erstmals veröffentlicht wird.

Edition
Die sorgfältige Herausgabe (Edition) eines Textes ist unabdingbare Voraussetzung für eine genaue Textlektüre. Die strengste Form wissenschaftlicher Editionspraxis ist die historisch-kritische Ausgabe. Bei einer Edition müssen allgemeine Editionsprinzipien ebenso wie die Bedürfnisse des Lesepublikums berücksichtigt werden. Die Edition für den Schulbereich erfordert eine andere Kommentierung als die wissenschaftliche Edition, die sich zunächst meist nur an wenige Fachspezialisten wendet, aber die Voraussetzungen schafft für spätere auflagenstärkere Lese- und Studienausgaben.

Elision
Weglassung eines Vokals, meist durch einen Apostroph (Auslassungszeichen) markiert, z. B. *sagt'* statt *sagte*.

Ellipse
Auslassung, beispielsweise von Verben oder anderen Satzgliedern, z. B. *Ich verstehe – Lenker im Himmel – ich verstehe – die Blätter fallen von den Bäumen – und mein Herbst ist kommen* (Schiller).

Emendation
Verbesserung, als editionsphilologischer Fachbegriff die Verbesserung einer verderbten Textstelle in der Handschrift (etwa bei antiken oder mittelalterlichen Manuskripten) oder dem Druck eines Textes. Heute wird als Emendation auch jenes Verfahren eines Herausgebers bezeichnet, das vermeintlich oder tatsächlich verbessernd in den Text eingreift und den materialen Bestand eines Zeichens, eines Wortes oder Satzes

	verändert, z. B. einen Druckfehler in der Textvorlage korrigiert, ein Komma oder ein Wort ergänzt oder ersetzt etc.
Epipher	Wiederholung gleicher Wörter am Ende einer Verszeile oder eines Satzes, z. B. *Ich trete zu dem Baume / und sage: Pomeranze, / du reife Pomeranze, / du süße Pomeranze* (Goethe). Gegenbegriff: Anapher.
Epochenstil	Für eine literaturgeschichtliche Epoche oder Periode charakteristische Stil- und Schreibeigenheiten, die meist sprachgeschichtlich geprägt sind.
erweiterter Literaturbegriff	In den siebziger Jahren des letzten Jahrhunderts wurde eine breite Diskussion darüber geführt, was Literatur sei und wie sinnvoll der Unterschied zwischen kanonisierter, bildungsbesetzter Höhenkammliteratur und der so genannten Trivialliteratur sei. Der erweiterte Literaturbegriff (seit den 1970er Jahren als Fachbegriff gebräuchlich) begreift zunächst alles als Text, was geschrieben ist (Handschrift oder Druck), unabhängig von seiner Funktion und von seinem Verwendungszweck und unabhängig vom Autor und den Adressaten. Der erweiterte Literaturbegriff brach mit dem bis dahin geltenden Literaturverständnis, das nur diejenigen Texte als Literatur definierte, die einen ästhetischen Wert transportierten (Belletristik), die fiktional waren und deren Überlieferung durch die Bildungstradition gesichert war. Zur Literatur gehören im Sinne des erweiterten Literaturbegriffs die fiktionale und die nicht-fiktionale Literatur, sprachlich und ästhetisch elaborierte Texte ebenso wie Gebrauchstexte, kleine Gattungen, Mischgattungen, kleine und unbekannte Autoren (poetae minores) ebenso wie die Höhenkammtexte. An die Grenzen seiner Leistungsfähigkeit stößt der Begriff dort, wo neuerdings Kultur insgesamt und damit jede kulturelle, auch nicht-sprachliche Hervorbringung als Text definiert wird.
Euphemismus	Sprachlich verhüllende Beschönigung eines Sachverhalts, z. B. *Kollateralschaden.*
expositorischer Text	Auch: nicht-fiktionaler Text, Gegenbegriff zum fiktionalen Text. Dies sind Gebrauchstexte wie z. B. Packungsbeilagen, Gebrauchsanleitungen, Gesetzestexte, wissenschaftliche Literatur, die im Sinne eines erweiterten Literaturbegriffs durchaus auch Gegenstand literaturwissenschaftlicher Forschung

sein können. In vielen Fällen der Textinterpretation ist die Einbeziehung expositorischer Texte in die Deutungsarbeit unverzichtbar.

Faksimile

Drucktechnischer Begriff, meint die unveränderte fotomechanische Wiedergabe eines handschriftlichen oder druckschriftlichen Textes. Das Faksimile ist im Gegensatz zu einem Neudruck ein Nachdruck (Reprint), bei dem also keine Veränderungen in der typographischen Gestaltung, bei der Wahl der Drucktypen, der Schriftgröße, des Formats usw. vorgenommen werden.

figura etymologica

Rhetorische Figur, die zwei Wörter desselben Wortstamms zur Ausdruckssteigerung miteinander verbindet, z. B. *ein Spiel spielen.*

Fiktionalität

Bezeichnet im engeren Sinn das Erfundene, Erdichtete im Unterschied zum Tatsächlichen. Fiktionen beschreiben Möglichkeiten einer tatsächlichen Wirklichkeit. Fiktionalität wurde als ein spezifisches Charakteristikum von Dichtung verstanden. Allerdings ist nicht jeder Text der Literaturgeschichte fiktional. In philosophischer Hinsicht treibt literarische Fiktionalität das Wahrheitsproblem hervor: Sind Fiktionen Lügen oder sind sie wahr? Diese Frage ist seit der Antike strittig (Platon). Literaturwissenschaft hat es also mit etwas zu tun, das es ›eigentlich‹ gar nicht gibt – oder doch eben nur als Literatur. Darin liegt der merklichste Unterschied zwischen literaturwissenschaftlichem Denken und naturwissenschaftlichem Objektivitätszwang.

genera dicendi

Stilarten. Man unterscheidet grundsätzlich zwischen drei verschiedenen Stilarten: a) dem niederen oder leichten Stil (genus humile), b) dem mittleren Stil (genus mediocre) und c) dem hohen oder erhabenen Stil (genus grande oder genus sublime). Dem genus humile entspricht das rhetorische *docere* (Belehren), dem genus mediocre entspricht das rhetorische *delectare* (Erfreuen, Spaß Machen) und dem genus grande entspricht das rhetorische *movere* (Bewegen, affektiv Ergreifen durch Rede).

hermeneutischer Zirkel

Mit dem Begriff bezeichnet man die Unmöglichkeit, das Einzelne ohne die Kenntnis des Ganzen und das Ganze ohne die Kenntnis des Einzelnen zu verstehen. Auf die Literaturwissenschaft übertragen heißt dies: Man kann eine einzelne Textstelle nicht ohne die Kenntnis des Gesamttextes verstehen und umgekehrt; man wird sich als Interpret also bei der Interpretation einer Textstelle stets der eigenen Voraussetzungen (Vorannahmen, Vorurteile) oder seiner Voraussetzungslosigkeit bewusst. Ein Entrinnen aus diesem hermeneutischen Zirkel ist in erkenntnistheoretischer Hinsicht nicht möglich.

historisch-kritische Ausgabe

Strengste wissenschaftliche Form einer Textedition. Sie dokumentiert oder rekonstruiert die einzelnen Stufen der Text- und Druckentstehung, wie z. B. Überarbeitungs- und Korrekturstufen (historischer Aspekt). Dabei werden auch alle Abweichungen (Lesarten) – sowohl von der Handschrift als auch vom Erstdruck oder von der Ausgabe letzter Hand – dokumentiert (kritischer Aspekt). Zeugnisse zur Entstehungsgeschichte und Rezeptionszeugnisse runden den Apparat ab. Das Ziel einer historisch-kritischen Ausgabe ist es, einen authentischen, ›idealen Text‹ zu präsentieren, der frei von jeglichen zufälligen Verderbnissen und Entstellungen ist. Bekannte Beispiele sind etwa die historisch-kritischen Ausgaben der Werke von Friedrich Hölderlin oder Conrad Ferdinand Meyer. Die Planung und Veröffentlichung einer historisch-kritischen Ausgabe kann mehrere Jahrzehnte umfassen und ist ein langfristiges, generationenübergreifendes Unternehmen. Tagesbedürfnisse der Wissenschaft kann sie nicht befriedigen. Aus historisch-kritischen Ausgaben entstehen oftmals kleinere kritische Ausgaben sowie Studien- und Leseausgaben.

Höhenkammliteratur

Auch: Höhenkammtext, bezeichnet jene Literatur, die durch Bildung, Ausbildung oder Gewohnheit, also durch soziale Konventionen kanonisiert wurde (literarischer Kanon). Eine einseitige, bedenkliche Reihung von Höhenkammliteratur läge beispielsweise dann vor, wenn man zur literaturwissenschaftlichen Arbeit nur die ›wichtigsten‹ Texte von ›Starautoren‹ wie Goethe (*Faust*), Schiller (*Wallenstein*) oder Fontane (*Effi Briest*) heranzöge, daneben aber Texte von Autoren wie etwa Wieland, Moritz oder Wallraff als inexistent behandelte. Gegenbegriff: Trivialliteratur.

Hyperbel

Rhetorische Figur der sprachlichen Übertreibung, z. B.: *ein Meer von Plagen*.

Hypotaxe

Unterordnung von Satzgliedern, Haupt- und Nebensatzkonstruktionen. Die Prosa Kleists enthält viele Beispiele hypotaktischen Satzbaus. Gegenbegriff: Parataxe.

Individualstil	Individuelle Stileigenheit eines Autors oder einer Autorin. Gegenbegriff: Epochenstil.
innerer Monolog	Selbstgespräch einer Figur in direkter oder in erlebter Rede oder als stream of consciousness (Bewusstseinsstrom). Während die erlebte Rede in der dritten Person Singular über Gedanken und Gefühle der Figur berichtet, als habe sie der Autor selbst erlebt, bedeutet stream of consciousness die Wiedergabe dessen, was eine Figur (unbewusst) denkt. Dies kann bis zur Auflösung syntaktischer und grammatikalischer Strukturen gehen und ist Kennzeichen moderner Literatur. *Leutnant Gustl* (1901) von Arthur Schnitzler gilt gemeinhin als der erste deutschsprachige Text, der sich konsequent dieser Technik bediente, doch zeigen sich Formen von innerem Monolog, erlebter Rede und stream of consciousness bereits in Barockromanen, wie beispielsweise in Fischarts *Geschichtklitterung* (1575).
Intertextualität	Beziehung zwischen mindestens zwei verschiedenen Texten auf syntaktischer, semantischer oder inhaltlich-thematischer Ebene, wobei einer der beiden Texte stets den Bezugstext (Prätext) bildet. Der ästhetische Mehrwert eines (fiktionalen) Textes liegt gerade in dieser Bezugnahme. In der strukturalistischen und poststrukturalistischen Diskussion wird jedoch der Begriff ›Text‹ allgemein auf jede Form kultureller Hervorbringung angewandt, der literarische Text bildet eine Schnittmenge unterschiedlicher auf ihn bezogener und sich beziehender Diskurse.
Inversion	Rhetorische Figur. Umkehrung der Wortfolge eines Satzes zur Bedeutungssteigerung, z. B. *Singend wecken sie / aus angenehmen Träumen dich* (Miller).
Klimax	Rhetorische Figur. Sprachliche Steigerung durch einzelne Wörter, Satzglieder oder Sätze, z. B. *Geld ist weg / Mädel ist weg / Augustin liegt schon im Dreck* (Volkslied).
Kollation	Vergleich von unterschiedlichen Hand- oder Druckschriften, beispielsweise einer gedruckten Fassung mit der Handschrift des Autors.
Konjektur	Wörtlich Vermutung, bezeichnet das Vorgehen eines Herausgebers, der im Rahmen einer Edition in einen Text eingreift und aufgrund sachlich fundierter Vermutungen ein Zeichen, einen Buchstaben oder ein Wort im Text ändert. Die Konjek-

tur kann sich darauf gründen, dass ein Wort in der Handschrift nicht (mehr) lesbar ist oder in einer Druckschrift ein Wort tatsächlich oder scheinbar keinen Sinn macht und dann durch ein anderes Wort ersetzt wird. Konjekturen zu verantworten ist fast schon ein wissenschaftsethisches Problem, da es die Autorität des Herausgebers auf der Suche nach der Form des ›besten Textes‹ gegen die Autorität des Textes ausspielt.

kursorische Lektüre Bedeutet einen Text durchlaufend, ohne Unterbrechung zusammenhangorientiert zu lesen, Wort für Wort und Satz für Satz. Eine Extremform kursorischer Lektüre stellt das diagonale Lesen dar, bei dem nicht mehr Wort für Wort gelesen wird, sondern nur noch – meist als Ergebnis speziellen Trainings – visuell Wortzusammenhänge wahrgenommen und in Lektüre umgesetzt werden. Gegenbegriff: statarische Lektüre.

Lemma Editionswissenschaftlicher Begriff. Stichwort, unter dem im Apparat zu einer wissenschaftlichen Ausgabe der Kommentar nachgelesen werden kann.

Lesart Eine durch die Überlieferung (etwa in unterschiedlichen Handschriften oder Abschriften oder in verschiedenen Drucken) oder durch den Autor selbst bedingte Abweichung von einem tatsächlichen oder angenommenen ›eigentlichen‹ Wortlaut. In kritischen Ausgaben werden die Lesarten im Apparat verzeichnet. Im übertragenen Sinn moderner Literaturtheorien meint Lesart die je individuelle Deutung eines Textes, zu dem es keinen ›eigentlichen‹ und unmissverständlichen Textsinn mehr gibt.

Leseausgabe Dieser Editionstyp entspricht meist nicht den wissenschaftlichen Erfordernissen einer kritischen oder historisch-kritischen Textausgabe. Auch wenn der Text korrupt sein sollte, so dient die Leseausgabe doch seiner Verbreitung und Bekanntmachung. Leseausgaben sind in der Regel in Orthographie und Interpunktion modernisiert, was bei wissenschaftlichen Mikroanalysen problematisch werden kann; sie sind dann nicht zitierfähig.

Litotes Rhetorische Figur. Bedeutungsverstärkung eines Worts durch die Verneinung des Gegenteils, z. B. *nicht wenig* für *viel*.

Majuskel Großbuchstabe; ursprünglich großer Anfangsbuchstabe einer Handschrift. Heutzutage am bekanntesten ist die Binnen-Majuskel zur sprachlich codierten gesellschaftlichen Gleichstellung der Geschlechter, z. B. *AutorInnen* statt *Autoren und Autorinnen*. Gegenbegriff: Minuskel.

Metapher Form des uneigentlichen Sprechens, verkürzter Vergleich, benennt ein Bild für einen Gegenstand, z. B. *Brummbär* für einen schlecht gelaunten Menschen, auch z. B. *Kotflügel, Zündkerze*.

Metonymie Metonymisches Sprechen bedeutet uneigentliches Sprechen, das eigentliche Wort wird durch ein anderes ersetzt, etwa ein Werk durch seinen Autor. *Im ›Goethe‹ lesen* heißt demnach, in einem Werk von Goethe lesen.

Metrik Lehre von den Versformen.

Mikroanalyse Auch: Mikrolektüre; man liest und interpretiert kleinste, ausgewählte Texteinheiten.

Oxymoron Rhetorische Figur. Verbindung von zwei Wörtern, deren Bedeutung sich widerspricht, z. B. *hölzernes Eisen*.

Parataxe Sprachliche Gleich- oder Nebeneinanderstellung von Sätzen oder Satzgliedern. Gegenbegriff: Hypotaxe.

Parenthese Eine durch Kommata, Klammern oder Gedankenstriche markierte Nebenbemerkung in einem Satz.

Personifikation Rhetorische Figur. Sprachliche Zuordnung meist menschlicher Verhaltensweisen zu Gegenständen (auch Anthropomorphisierung), z. B. *Der Mond zeigt seine Silberhörner* (Haller).

Pleonasmus Rhetorische Figur. Verdoppelnde sprachliche Wiederholung des Gleichen, z. B. *alter Opa*.

Poetik Die Lehre von der Dichtkunst. Man unterscheidet deskriptive (beschreibende) und normative (regelsetzende) Poetiken. Die meisten Poetiken sind so genannte Gattungspoetiken, die ein mehr oder weniger differenziertes, komplexes System der Gattungslehre entwerfen. Die wichtigste, weil wirkungsmächtigste Poetik des Abendlandes ist die aristotelische *Poetik*.

Primärliteratur Auch: Quellentext. Literatur, sofern sie Gegenstand des wissenschaftlichen Interesses ist. Wenn Sie eine Arbeit über Friedrich Schlegels Roman *Lucinde* schreiben, so ist dieses Werk der Quellentext; verfassen Sie eine Arbeit über die aristotelische *Poetik*, so ist das Ihr Quellentext. Die Quellen sind jene Literatur, die Sie Ihrer Arbeit zugrunde legen. Gegenbegriff: Sekundärliteratur.

Produktion → Distribution

Raubdruck	Editionsphilologischer Begriff. Nicht erlaubter Nachdruck eines Werks, vor allem im Zuge der Veränderung des Buchmarkts im 18. Jahrhundert weit verbreitet.
Recensio	Editionsphilologischer Begriff. Zusammenstellung aller nachweisbaren Textzeugen eines einzelnen Textes und textkritische Untersuchung der genetischen Beziehungen zueinander (jüngere oder ältere Handschrift, Druck, Mutterhandschrift oder Abschrift etc.).
Rezeption	→ Distribution
Rhetorik	Lehre von den handwerklichen sprachlich-mündlichen (und im weiteren Sinne schriftlichen) Mitteln zur Darstellung eines Gedankens. Sonderformen: forensische Rhetorik (Gerichtsrhetorik), politische Rhetorik, Fest- oder Prunkrhetorik.
Sekundärliteratur	Als Sekundärliteratur bezeichnet man Forschungsliteratur, also wissenschaftliche Literatur zu einem bestimmten Autor, einem Thema, einer Epoche oder übergeordneten Fragestellungen. Sie wird in Bibliographien/Literaturverzeichnissen gesondert von der Primärliteratur angeführt.
selbstständige Publikation	Eigenständig veröffentlichter Text, unabhängig vom Trägermedium: also Buch, CD-ROM oder Internet. Gegenbegriff: unselbstständige Publikation.
Sigle	Bedeutet Abkürzung. Erspart wiederholte aufwendige bibliographische Angaben. Sie können selbst Siglen definieren, die dem Leser eine schnelle und einheitliche bibliographische Wiedererkennung ermöglichen. Für Siglen werden meist Großbuchstaben verwendet. Das Siglenverzeichnis mit der Auflösung der Siglen und den exakten bibliographischen Angaben wird der Bibliographie vorangestellt.
statarische Lektüre	Dabei wird die Lektüre durch Erläuterungen und Interpretationen immer wieder unterbrochen (einzelstellenorientiert).
Stilistik	Lehre von den sprachlichen Mitteln zur Gestaltung eines Textes.
Studienausgabe	Speziell für die Bedingungen des Studiums erstellte preisgünstige Ausgabe eines Textes, deren textkritische Qualität sich zwischen einer (unkommentierten) allgemeinen und einer (kommentierten) kritischen Ausgabe bewegt.
Transformation	→ Distribution
Transkription	Eine Handschrift muss, bevor sie ediert werden kann, transkribiert werden, d. h. sie wird originalgetreu von der hand-

schriftlichen in eine druckschriftliche Form übertragen. Handschriften sind in der Regel kostbar, nur wenigen zugänglich und sehr anfällig für Gebrauchseinflüsse (Luftfeuchtigkeit, Sonnen- und Tageslicht, Körperfeuchtigkeit). Auf die absolute Richtigkeit und Zuverlässigkeit der Ersttranskription muss daher besonders großer Wert gelegt werden. Oftmals ist die Transkription und Edition die letzte Möglichkeit, einen Text im kulturellen Gedächtnis zu bewahren, bevor er durch äußere Einflüsse wie schlechte Papierqualität, Diebstahl, Mäusefraß oder Umweltschäden endgültig verloren geht.

unselbstständige Publikation
Text, der in einem Buch (unabhängig vom Trägermedium) erschienen ist, wie beispielsweise ein Aufsatz oder ein Lexikonartikel.

Variante
Editionsphilologischer Begriff. Veränderung einer Textstelle in einer Hand- oder Druckschrift durch den Autor oder im Verlauf der Rezeptionsgeschichte.

Virgel
Schrägstrich /, der in alten Drucktexten eine eigene satzlogische Funktion innehat, die sich an Sinneinheiten der Wortfolge (als Interpunktionszeichen) oder an Bedeutungsgewichtungen orientiert.

Zeugma
Rhetorische Figur. Ein einzelnes Satzglied (z. B. Verb) wird einem oder mehreren verschiedenen Satzteilen zugeordnet, z. B. *Er schlug' die Stühl und Vögel tot* (Hoffmann).

Zitierfähigkeit
Ein Quellentext, mit dem Sie im Rahmen Ihres Studiums arbeiten, muss wissenschaftlichen Standards der Textwiedergabe genügen. Wie streng dies gehandhabt wird, liegt im Ermessensspielraum Ihrer Hochschullehrer.

3 Grundlagen der Literaturgeschichte

»Die Literaturgeschichte bietet einen unveränderlichen vertrauenswürdigen Block dar, dem der Tagesgeschmack nur wenig schaden kann.«[8]
Franz Kafka

3.1 Wozu Literaturgeschichte?

Weshalb bedarf es beim Studium der Neueren deutschen Literaturwissenschaft des Studiums der deutschen Literaturgeschichte? Die Antwort ist einfach: Ohne literatur*geschichtliches* Grundwissen ist Literatur*wissenschaft* nicht zu betreiben. Literaturgeschichtliche Grundkenntnisse sind unverzichtbar, um Literaturwissenschaft studieren zu können. Allerdings sollte man den Begriff der Geschichte nicht zu knapp fassen. Literaturgeschichte studieren heißt auch, sich mit Gegenwartsliteratur zu beschäftigen, und dies durchaus im wörtlichen Sinne. Die Gegenwartsliteratur beispielsweise im Jahr 1970 oder 1980 enden zu lassen mit der Begründung, erst die Geschichte werde zeigen, welche Werke der jüngsten Vergangenheit literaturgeschichtlichen ›Bestand‹ haben würden, ist äußerst problematisch. Denn diese Haltung vernachlässigt die neueste Literatur und zieht sich stattdessen lieber auf geschichtliche Positionen zurück, die durch wissenschaftliche Arbeiten abgesichert scheinen. Literaturgeschichte zu studieren heißt in unserem Zusammenhang, Literatur vom Beginn des Buchdrucks bis in die eigene Gegenwart zu lesen und zur Kenntnis zu nehmen.

Literaturgeschichte ist ein virtueller Raum. Wir bewegen uns darin in dem Wissen, dass Anordnungen und Beobachtungen, Lesarten und Deutungen auch durchaus anders ausfallen könnten. Und ein Blick in die Wissenschaftsgeschichte

8 Franz Kafka: Gesammelte Werke. Hg. v. Max Brod: Tagebücher 1910–1923. Frankfurt a. M. 1983, S. 152.

unseres Fachs lehrt uns, dass je nach Methodendiskussion, nach individuellen und politischen Maßstäben, Deutungen ein und desselben Textes in den vergangenen 100 Jahren höchst unterschiedlich ausgefallen sind. Wir versuchen also beim Studium der Literaturgeschichte in der Zweidimensionalität von Text und Geschichte ein Spiel mit der Dreidimensionalität als ein eigentliches Paradoxon ins Werk zu setzen.

Die folgenden Seiten wollen Ihnen Leitfragen an die Hand geben, mit deren Hilfe Sie die Zeugnisse der Literaturgeschichte auf ihren historischen und ihren aktuellen Aussagewert hin befragen können.

Die Kriterien für die Bedeutung eines Autors, eines Textes oder eines Themas der Literaturgeschichte lassen sich über folgende Gesichtspunkte definieren:

Innovationsfähigkeit
– Innovationsfähigkeit: Ein Text kann in formaler, ästhetischer Hinsicht innovativ sein, insofern er formale ästhetische Entwicklungen in Gang setzt, entscheidend vorantreibt oder sich auffällig vom herrschenden Zeitgeschmack absetzt. Die Innovationsfähigkeit eines Textes kann aber auch auf der thematischen Ebene zu finden sein, indem der Autor sich eines Themas annimmt, das bis dahin nicht als literaturfähig galt, also mit thematisch-formalen Konventionen bricht. Die Innovationsfähigkeit eines Textes ist insgesamt gekennzeichnet durch Normverstoß gegen tradierte produktions- und rezeptionsästhetische Erwartungsmuster.

Dokumentarcharakter
– Dokumentarcharakter: Ein Text kann auch eine wichtige Entwicklung innerhalb des gesellschaftlich-historischen Prozesses dokumentieren. Dies können politische, gesellschaftliche, religiöse, mentalitätsgeschichtliche oder ästhetische Entwicklungen sein.

Epochensignatur
– Epochensignatur: Ein Text kann typische Epochen-(und Perioden-)merkmale tragen (etwa barocke Schreibweise, romantische, expressionistische etc.).

Damit ist er repräsentativ für einen bestimmten Zeitabschnitt der Literaturgeschichte.

Individualsignatur

– Individualsignatur: Ein Text kann deshalb ›wichtig‹ sein, weil er typische Schreibmerkmale seines Verfassers dokumentiert. Diese Individualsignatur ist dann repräsentativ entweder für das Gesamtwerk des Autors oder aber für einen bestimmten Lebens- und Entwicklungsabschnitt.

geistesgeschichtliche materialistische sozialgeschichtliche strukturalistische systemtheoretische genderspezifische Literaturgeschichtsschreibung

Kulturgeschichte

Viele Modelle der Literaturgeschichtsschreibung verfolgen mehr oder minder offen ein bewusstes teleologisches Selbstverständnis, wonach die Entwicklung der deutschen Literatur auf einen bestimmten Punkt hin zuläuft und in einem Werk, einem Autor oder einer Epoche ihren krönenden Abschluss findet (beispielsweise in der Weimarer Klassik). Die älteste und verbreitetste Form einer literaturgeschichtlichen Darstellung ist die geistesgeschichtliche Literaturgeschichtsschreibung. Danach wird in der Literaturgeschichte die Entwicklungsgeschichte des Geistes erkannt, ein verschwommener Begriff, der denn auch meist sehr unklar bleibt und in der Regel eine nationalistische Intention mittransportiert. Dem entgegengesetzt versucht die materialistische (marxistische) Literaturgeschichtsschreibung entsprechend marxistischer Gesellschaftstheorie die Literaturgeschichte als ein Dokument der Geschichte des Klassenkampfes zwischen dem Proletariat (oder dessen Vorformen) und der jeweils herrschenden Klasse (Adel, Bourgeoisie) zu werten. In den siebziger Jahren des 20. Jahrhunderts starteten mehrere Projekte einer sozialgeschichtlichen Literaturgeschichtsschreibung, die anfangs als Kollektivunternehmen verschiedener Wissenschaftler begriffen wurden. Die Literaturgeschichtsschreibung sollte in die Darstellung einer allgemeinen gesellschaftlichen Entwicklung eingebunden werden, um damit das geistesgeschichtliche Problem der Loslösung ästhetischer Wandlungen von sozialen Prozessen zu überwinden. Die strukturalistische Literaturgeschichtsschreibung verschreibt sich der Überlegung, zeitlose Strukturen über Epochen, Ländergrenzen und kulturelle Differenzen hinweg zu verfolgen.

Ob eine gelegentlich in Einzelarbeiten erprobte systemtheoretische Literaturgeschichte als Form einer strukturalistischen Literaturgeschichtsschreibung betrachtet werden kann, ist umstritten. Danach wird Literatur als gesellschaftliches Subsystem mit eigenen Interaktions- und Kommunikationsregeln verstanden. Die genderspezifische (feministische, genustheoretische) Literaturgeschichtsschreibung verfolgt das Ziel einer historischen Darstellung der Entwicklung der Geschlechterdifferenz. Projekten exemplarischer Frauenliteraturgeschichte werden neuerdings Entwürfe einer Männerliteraturgeschichte zur Seite gestellt, die das ursprüngliche Ziel (nämlich die kulturell, gesellschaftlich und politisch bedingte Differenz zwischen männlichem und weiblichem Geschlecht zu untersuchen) verschieben. Als neuestes wissenschaftliches Paradigma in der Literaturgeschichtsschreibung, dessen Durchsetzungskraft sich erst noch erweisen muss, kann ein textualistisches Kulturverständnis gelten, wonach die Literaturgeschichte als besondere (exemplarische) Kulturgeschichte betrachtet wird und Literatur ein besonderer Text des großen Textes Kultur ist. Dabei ist der jeweils zugrunde liegende Textbegriff genau zu beachten. Insgesamt spiegeln also die Themen und Modelle der Literaturgeschichtsschreibung den jeweiligen Stand von Methoden und Theorien im Fach wider.

3.2 Basisfragen

Basisfragen

Drei Basisfragen leiten uns bei der literaturgeschichtlichen Arbeit:

zeitgenössischer Stellenwert

1. Welche Bedeutung / Wirkung hatte der einzelne Text, der Untersuchungsgegenstand oder Erkenntnisgegenstand ist, in seiner Zeit? Dies ist die Frage nach dem zeitgenössischen Stellenwert eines Textes.

(rezeptions-)geschichtlicher Stellenwert

2. Welche Bedeutung / Wirkung hatte der Text in der Geschichte? Dies ist die Frage nach dem (rezeptions-)geschichtlichen Stellenwert eines Textes.

aktueller Stellenwert

3. Welche Bedeutung / Wirkung hat der Text für uns heute? Die Frage nach dem aktuellen Stellenwert eines Textes.

Alle drei Basisfragen verfolgen je unterschiedliche historische und gegenwartsbezogene Interessen. Eine Literaturgeschichte, die auswählend versucht eine provisorische Karte der literaturgeschichtlichen Topographie zu erstellen, also einen gangbaren Weg durch ungangbar scheinendes Gelände anzulegen, orientiert sich an der Maßgabe der dritten Fragestellung: Welche Bedeutung haben historische Texte für uns heute (noch)? Mit einer Europakarte können wir nicht wandern, mit einer Wanderkarte nicht Europa bereisen. Mit einem Kompass in der Hand lässt sich freilich beides tun. Diesen Kompass zu finden und den sicheren, souveränen Umgang mit ihm auszubilden, ist Ziel des Studiums der Literaturgeschichte.

Eine Banalität ist es darauf hinzuweisen, dass sich die Gewichtung dieser Fragen je nach den Verschiebungen der historischen, gesellschaftlichen, politischen oder individuellen Koordinaten und Erkenntnisinteressen und je nach den unterschiedlich formulierten Ansprüchen an Literatur und Literaturgeschichte stets ändert. Was für uns heute historische Bedeutung erlangt, mag morgen schon nebensächlich geworden sein: Es gibt keine Universalgeschichte der Literatur. Literaturgeschichte ist immer auch eine Geschichte von Bewertungen.

Produktion

Distribution

Rezeption

Transformation

Literaturgeschichte zu betreiben heißt außerdem, nach der Geschichte in der Gegenwart und der Gegenwärtigkeit von Geschichte zu fragen. Dringend zu empfehlen ist dabei die wiederholende historische Lektüre, stets aufs Neue sollte ein Gesamtdurchgang durch die Literaturgeschichte versucht werden, mit jeweils anderen, neuen Leitfragen, möglicherweise mit anderen Texten und anderen Erkenntnisinteressen. Geschichte der deutschen Literatur zu verstehen heißt auch, die Geschichtlichkeit von Texten verstehen, also die Bedingungen der Entstehungsgeschichte, der Verbreitungsgeschichte und der Rezeptionsgeschichte eines Textes in der Deutungsarbeit mit zu berücksichtigen. Diese klassische sozialgeschichtliche Triade der Produktion, der Distribution und der Rezeption eines Textes ist entscheidend zu ergänzen durch eine vierte, kulturgeschichtliche Kategorie, die Transformation von Literatur. Insofern können wir von einer ›Tetrade‹ sprechen, welche Textverstehen bedingt: Produktion, · Distribution, Rezeption und Transformation eines Textes kennzeichnen die Bedingungen, unter denen ein Text beschrieben und gedeutet wird.

Produktion

Die Produktion betrifft die Entstehung(sgeschichte) eines Textes und die individuelle Geschichte des Autors ebenso wie die gesellschaftlichen, politischen, religiösen, sprachlichen, ideologischen Bedingungen und Besonderheiten von Geschichtlichkeit. Biographisches kann dabei ebenso eine Rolle spielen wie ästhetikgeschichtliche Faktoren, z. B. die Frage, welche Gattung gerade modern oder verpönt ist.

Distribution

Die Distribution betrifft die Verbreitung von Literatur, die Buchhandelsgeschichte und Bibliotheksgeschichte ebenso wie die Lesergeschichte und die Literaturkritik: Wie wird in welcher Form wann über welche Literatur gesprochen? Wird die Literatur gedruckt oder handschriftlich oder mündlich verbreitet? Film, Fernsehen, mediale Präsentationsformen von Literatur und Literaturkritik entscheiden mit über den Kauf und die Bewertung von Literatur.

Rezeption

Die Rezeption betrifft die Frage nach den Aufnahmebedingungen von Literatur: Wer konnte oder kann überhaupt lesen (Alphabetisierung der Bevölkerung), wer durfte oder darf was lesen (Zensurgeschichte), welche Texte wurden oder werden an welchem Ort rezipiert (stille, meditative Lektüre oder öffentliche Rezeption wie im Theater)?

Transformation

Die Transformation betrifft den Medienwechsel: beispielsweise von der Oralität (Mündlichkeit) zur Literalität (Schriftlichkeit) oder von der Schrift zu anderen Zeichensystemen wie Film, Fernsehen, Theater, Internet. Der für die Literaturwissenschaft zentrale Begriff der Fiktionalität wird hier ergänzt durch denjenigen der Virtualität. Die Transformation von Literatur bezieht sich also sowohl auf die Umwandlung der Materialität der Zeichen (beispielsweise von der Materialität der Druckzeichen in die Materialität von Bildzeichen) als auch auf die Umwandlung des kulturell bedingten Umgangs mit Literatur (also von Praktiken, Techniken und Strategien im Umgang mit Literatur). Die Transformation betrifft die Einschreibung von Literatur in ein anderes Zeichensystem, das textlich oder nichttextlich sein kann.

> **Fassen wir zusammen:** Jede der oben genannten drei Basisfragen nach dem zeitgenössischen, dem rezeptionsgeschichtlichen und dem aktuellen Stellenwert eines Textes sollte stets kombiniert werden mit den Fragestellungen einer kulturgeschichtlich orientierten Literaturwissenschaft der Produktion, Distribution, Rezeption und Transformation von Literatur.

Periodisierungsfrage

Makrostruktur

Mikrostruktur

Epoche

Periode

Sich mit Literaturgeschichte zu befassen heißt weiterhin nach den Kriterien von Literaturgeschichtsschreibung zu fragen. Die Periodisierungsfrage ergründet, wann eine bestimmte literaturgeschichtliche Periode beginnt und wann sie endet. In dieser Fragestellung entfaltet sich der heuristische (behelfsmäßige) Unterschied zwischen der Makrostruktur und der Mikrostruktur von Literaturgeschichte. Diese begriffliche Differenzierung erlaubt es, die historische Gleichzeitigkeit von inhaltlich Ungleichzeitigem zu bewahren und nicht eine falsche Epochenabfolge zu rekonstruieren. Wir unterscheiden zwischen der historischen Großkategorie der Epoche, die stets etwas Großräumiges meint, und der Kleinkategorie der Periode, die Teil der Epoche ist, Epochenmerkmale erst eigentlich hervortreibt, sie aber auch umkehrt, kritisiert, parodiert oder gar beseitigt.

Epochen

So gesehen können wir von fünf literaturgeschichtlichen Epochen (Makrostrukturen) innerhalb der Neueren deutschen Literaturgeschichte sprechen:
1. Frühe Neuzeit (vom Beginn des Buchdrucks ca. 1450 bis ca. 1600/1624)
2. Barock (ca. 1600/1624 bis ca. 1720/30)
3. Aufklärung (ca. 1720/30 bis ca. 1800)
4. 19. Jahrhundert (1800 bis 1900)
5. Moderne (1900 bis Gegenwart)

Perioden

Als literaturgeschichtliche Perioden erscheinen dann beispielsweise: Sturm und Drang, Weimarer Klassik, Romantik, Vormärz, Junges Deutschland, Biedermeier, Realismus, Naturalismus, Expressionismus, Neue Sachlichkeit, Postmoderne etc. Wie fragwürdig Epochenbegriffe aber inzwischen geworden sind, zeigt ein Blick in verschiedene Literaturgeschichten. Natürlich ist jede Periodisierung anfechtbar und zu jedem

Argument für dieses Modell gibt es ein Gegenargument, das eine andere Periodisierung favorisiert. Die Differenzen indes sind nicht so fundamental, wie es zunächst scheint, sie liegen zumeist in der Festlegung auf präzise Anfangs- und Endpunkte. Machen Sie sich selbst ein Bild, indem Sie mindestens vier verschiedene literaturgeschichtliche Darstellungen zur Hand nehmen und miteinander vergleichen.

Textfrage

Die Textfrage eruiert, welche Texte als beispielhaft für eine Epoche oder für eine Periode angesehen werden. Sie fragt nach den Kriterien, wonach diese Texte ausgewählt werden, wer sie auswählt und welche Rolle dabei Bildungskonventionen spielen. Dies berührt zentral das Problem der Kanonisierung (des festen Lektürebestandes, der Leselisten etc.) von Literatur. Wird nur die so genannte Höhenkammliteratur, also jene Literatur, die durch Bildung, Werbung, durch kulturelle und historische Prozesse als normbildend für andere Texte und Autoren erkannt wurde, dem literaturgeschichtlichen Interesse anvertraut oder werden auch die so genannte Trivialliteratur und die Gebrauchsliteratur berücksichtigt? Werden nur die Highlights und Stars der Literaturgeschichte wahrgenommen oder haben auch die so genannten poetae minores (kleinere, ›unbedeutendere‹, jedenfalls unbekannte bis vergessene Autoren) eine Chance? Diese Fragen führen uns auf die Bedeutung des erweiterten Literaturbegriffs (s. o.) zurück.

Kanonisierung

erweiterter Literaturbegriff

Theoriefrage

Die Theoriefrage der Literaturgeschichtsschreibung schließlich klärt: Welchem Theoriemodell verschreibt sich eine Literaturgeschichte der Neueren deutschen Literatur? Ist sie linear-progressiv und beschreibt beispielsweise Weimarer Klassik und Romantik als einen Doppelgipfel? Ist sie statistisch-quantifizierend, soziologisch, positivistisch, hermeneutisch orientiert? Ein sozial- und psychohistorisches Modell wäre zum Beispiel bemüht, die Geschichte des Buchmarkts und der Alphabetisierung der Bevölkerung in einem bestimmten Zeitraum in einer Sozialgeschichte der Literatur ebenso zu berücksichtigen wie allgemein kulturgeschichtliche Faktoren (Bedingungen, Einflüsse, Hervorbringungen von Literatur). Je nachdem, welchem Theoriemodell sich eine literaturgeschichtliche Darstellung verpflichtet, fallen die Auswahl der

Texte, die Bewertung ihrer historischen Bedeutung sowie die Vernetzungsstruktur (also die Verbindung mit synchronen und diachronen Themen, Motiven, Personen, Werken) anders aus.

Alle diese Fragen sind nicht nur für die Literaturgeschichtsschreibung wichtig, sondern auch bei der Lektüre der Literaturgeschichten von Interesse. Erst wenn sie im (Selbst-) Studium mitbedacht werden, ergibt sich die Möglichkeit zum kontrastiven Lesen von Literaturgeschichten. Deshalb sollte man sein Studium, sofern es nicht die Lektüre der Quellentexte selbst betrifft, stets an mehreren literaturgeschichtlichen Darstellungen ausrichten. Die gängigsten und für die kontrastive Lektüre geeigneten sind in der Bibliographie am Ende dieses Buches angeführt.

4 Grundlagen der Methodenwahl

Die Schwierigkeiten literaturwissenschaftlicher Theoriebildung liegen darin, dass sie über die Explikation von theoretischen Zielvorgaben in den seltensten Fällen hinauskommt. Und die Gefahr bei literaturtheoretischen Diskussionen und bei der Frage der Methodenwahl besteht darin, dass man sich in einer Art Theorieschleife verfängt und die besonderen Bedingungen und Notwendigkeiten der Textinterpretation aus dem Auge verliert. Dies ist kein grundsätzliches Argument gegen Theoriebildung schlechthin, es verdeutlicht aber die Probleme, mit denen der Transfer von der Theorieformulierung zur praktischen Textinterpretation zu rechnen hat. Wenn beispielsweise ein theoretischer Ansatz entfaltet wird, der als ›Datenmasse‹ nur auf die Literatur nach 1800 zurückgreift, dann stellt sich für uns die Frage: Wie lässt sich mit dieser Vorgabe etwa ein Barockgedicht interpretieren? Ebenso unterliegen Versuche der Theoriebildung gelegentlich ausschließenden Gattungsfixierungen: Was allgemein über Literatur theoretisch formuliert wird, trifft vielleicht für Prosatexte zu, ist aber für lyrische oder dramatische Literatur nur bedingt oder gar nicht tauglich. Deshalb ist es unerlässlich, bei der kritischen Lektüre von Literaturtheorien stets auch die Übertragbarkeit in die Praxis literaturwissenschaftlicher Textarbeit mitzudenken.

Jost Hermand hat 1968 den Begriff ›synthetisches Interpretieren‹ in die Diskussion eingebracht. Darunter versteht er die Verschmelzung unterschiedlicher Theorieansätze bei der Textinterpretation, empfiehlt also, sich nicht auf eine einheitliche, geschlossene Theorie festzulegen. Die Vorzüge und Nachteile lassen sich unschwer erkennen. Synthetisches Interpretieren meint nicht den beliebigen Wechsel zwischen unterschiedlichen Theorien und Methoden, sondern deren gleichzeitige Anwendung. Das Problem der Fragmentarisierung von theoretischen und methodischen Ansätzen liegt auf der Hand. Der Verdacht der willkürlichen Auswahl stellt sich schnell ein, was den eigenen Lese- und Deutungsinteressen

›passt‹, werde ausgewählt, alles andere beiseite geschoben. Dies würde letztlich zu einer Funktionalisierung der Theorie führen und mündete dann in die zugespitzte Frage, ob die Theorie der Deutung oder die Deutung der Theorie zu dienen habe. Müssen Textinterpretationen die Theorie empirisch bestätigen oder lassen sich deduktiv aus der Textinterpretation theoretische Reflexionen gewinnen? In seinem *Informationshandbuch* spricht Hansjürgen Blinn vom ›Methodenkarussell‹ der sich jagenden und einander ablösenden methodischen Ansätze der achtziger und neunziger Jahre. Dieser Begriff hat den Vorzug, auf die schnelle ›Abwahl‹ herrschender und modischer Methoden durch neue zu verweisen. Er macht zudem die Anfälligkeit der Theoriebildung für zeit- und gegenwartsverhaftete Problemlagen deutlich, die in anderen historischen, gesellschaftlichen und wissenschaftspolitischen Zusammenhängen ungleich bedeutungsloser sein mögen. ›Methodenkarussell‹ bringt auf den Punkt, was historisch scheinbar nur zufällig ist: dass auch methodische und theoretische Reflexion von einem ›heimlichen‹ Drehpunkt abhängig ist, dem sich die theoretische Reflexion in begrifflicher Arbeit nur mühsam und nur annähernd entgegenstemmen kann. Theorie- und Methodenbildung in der Literaturwissenschaft ist stets bestimmt durch die Wirklichkeit gesellschaftlicher, politischer und kultureller Praxis. Daneben muss man allerdings auch eine vermehrte Rückkehr zu Traditionen älterer Theorie- und Methodenbildung jüngerer germanistischer Arbeiten feststellen, denen es an Methodenbewusstsein gelegentlich mangelt.

kontemplatives Lesen   Bevor man über die Tauglichkeit von wissenschaftlichen Theorien und über die Wahl der entsprechenden Interpretationsmethoden nachdenkt, sollte man sich zwei grundsätzlich verschiedene Umgangsweisen mit Texten beim Lesen vergegenwärtigen. Texte lassen sich analytisch oder kontemplativ lesen. Das kontemplative Lesen sichert den unbeschwerten Spaß an der Literatur, der selbstverständlich auch im wissenschaftlichen Umgang mit Literatur erhalten bleiben sollte, der sich im kontemplativen Lesen aber nicht erschöpft. Dieses Lesen ist ein individuelles, assoziatives, nicht mit historischen Erkenntnissen vernetztes Lesen, frei von Verwertungszwängen. Es gibt Texte, die einem gefallen oder nicht gefallen, zu denen man Zugang findet oder nicht, und insofern sind Urteile über diese Texte stets Geschmacksurteile. Die Lektüre ist eine identifikatorische oder eine kontraidentifikatorische Lektüre. Was in der Schule unverzichtbar ist, nämlich den kontemplativen Umgang mit Texten zu trainieren, ist im literaturwissenschaftlichen Studium möglichst zu vermeiden.

analytisches oder wissenschaftliches Lesen

Anders das analytische oder wissenschaftliche Lesen. Es sollte frei sein von persönlichen Geschmacksurteilen oder besser Geschmacksvorurteilen und Vorlieben. Es sollte in der Argumentation über die Texte transparent bleiben, so dass die einzelnen Argumentationsschritte nachvollziehbar und überprüfbar sind. Das analytische Lesen versucht den Text mit wissenschaftlichen und historischen Erkenntnissen zu verknüpfen, um der Gefahr einer isolierten Einzelbetrachtung zu entgehen. Jede Aussage oder These über den Text bedarf des konkreten Nachweises. Qualitätsurteile wie ›der beste Roman‹ oder ›das beste Buch‹ sind unwissenschaftlich. Als Leser versuchen Sie, den identifikatorischen oder kontraidentifikatorischen Umgang mit Figuren und Themen gerade zu vermeiden. Dieses Training beginnt bereits im ersten Semester und die handwerklich-wissenschaftlichen Fertigkeiten vervollständigen Sie kontinuierlich in den schriftlichen Hausarbeiten.

4.1 Vorbemerkungen zu Poetik, Ästhetik und Hermeneutik

deskriptive Poetik

normative Poetik

Regelpoetik

Die Poetik als Lehre von der Dichtkunst trifft Aussagen über die Machbarkeit von Literatur. Poetiken sind meist Gattungspoetiken, die sich an der Dreiteilung in Prosa, Drama und Lyrik (Großgattungen) orientieren. Man unterscheidet zwischen deskriptiven und normativen Poetiken. Eine deskriptive Poetik beschreibt historische oder aktuelle Dichtung, um vom konkreten literarischen Text aus allgemeine Aussagen über Literatur zu treffen. Eine normative Poetik verfolgt die Absicht, für Literaten zu formulieren, auf welche Art und Weise gute Literatur herzustellen sei – dies durchaus auch in einem handwerklichen Sinne. Zum anderen will sie den Rezipienten, in erster Linie Kritikern, ästhetische Maßstäbe dafür an die Hand geben, wie man nach welchen Kriterien einen Text als ästhetisch gut oder schlecht beurteilen kann. Kritisch muss man normativen Poetiken gegenüber festhalten, dass es ihnen nur selten gelingt, den Anspruch auf scheinbar objektive Argumentationskriterien einzulösen und das ›Phänomen Literatur‹ zu erklären. Hinter normativen Aussagen – die in der Regel mit der Kraft des Faktischen von Literatur kollidieren – stecken oftmals reine Geschmacksurteile. Die wichtigsten Vertreter der klassischen antiken Poetik, deren Werke bis in die Neuzeit als Lehrbücher für richtiges Dichten gehandelt wurden, sind Aristoteles mit seinem Buch *Über die Dichtkunst* (auch *Poetik* genannt), das deskriptive und normative Momente vereint, und Horaz mit der *Ars poetica*. Gottsched schrieb mit seinem *Versuch einer Critischen Dichtkunst* (1730) das wichtigste Regelwerk der deutschen Poetikgeschichte. Diese normative Poetik wird auch als Regelpoetik bezeichnet. Eine normative Poetik ist heutigentags in einer Lebenswelt unterschiedlichster literarischer Formen ein Unding.

Produktionsästhetik

Rezeptionsästhetik

Autonomieästhetik

Eine klare Grenze zwischen Poetik und Ästhetik zu ziehen ist kaum möglich. Befasst sich Ästhetik allgemein mit Fragen der künstlerischen und ästhetischen Erfahrung, der Produktion und Rezeption von Kunstwerken aller Künste, so spricht die Literaturwissenschaft in drei Fällen von Ästhetik, wo doch eigentlich Poetik gemeint ist. Die historische Schnittstelle des Wechsels von einer Werk- zu einer Produktionsästhetik liegt in den sechziger und siebziger Jahren des 18. Jahrhunderts. Das literarische Genie galt von nun an als uneingeschränkte Instanz, die schreibt, wie es ihr gefällt. Gute Literatur zu schreiben war danach nicht eine Frage von erlernbaren Regeln, sondern schlicht eine Frage des natürlichen Genies. Produktionsästhetik als funktionale Kategorie betrifft im Gegensatz zur Werkästhetik nicht das fertige literarische Werk, sondern die Faktoren seiner Hervorbringung, in erster Linie den Dichter und seine Schreibbedingungen. Die Rezeptionsästhetik gilt als eine eigene, aus der Hermeneutik hervorgegangene literaturwissenschaftliche Methode der Textinterpretation. Sie versucht, das Wechselspiel zwischen historischem Textverstehen durch einen angenommenen historischen Leser und einem aktuellen Text als Geschichtlichkeit des Textes und damit seines grundsätzlich historisch bedingten Sinns zu deuten. Die Autonomieästhetik schließlich meint jene kunst- und damit auch literaturästhetische Position, die im Umfeld der Weimarer Klassik zwischen 1790 und 1805 von Karl Philipp Moritz formuliert und von Goethe und Schiller weitergeführt wurde. Literatur erfährt demnach keine Zweckbindung mehr. Sie ist autonom und liegt jenseits funktionaler und gesellschaftlicher Vereinnahmung. Moritz schreibt über das Schöne im Kunstwerk in seiner Schrift *Über den Begriff des in sich selbst Vollendeten* (1785), man könne es dann rein und unvermischt ästhetisch erfahren, wenn man es »als etwas betrachte, das bloß um sein selbst willen hervorgebracht ist, damit es etwas in sich Vollendetes sei. [...] Ein Ding kann also nicht deswegen schön sein, weil es uns Vergnügen macht, sonst müßte auch alles Nützliche schön sein; sondern was uns Vergnügen macht, ohne eigentlich zu nützen, nennen wir schön.«[9] Der Philosoph Theodor W. Adorno wird im 20. Jahrhundert in der Autonomie des Kunstwerks dessen subversives, gesellschaftliches Potenzial erkennen.

TuK-Axiom

Text

Kontext

Alle Methoden, die sich mit Textinterpretation im weitesten Sinne befassen, also beispielsweise auch editorische oder empirische, sind ihrem Charakter nach hermeneutisch. Dies gilt selbst für jene theoretischen Positionen, die sich selbst als anti-hermeneutische verstehen, wie beispielsweise den Poststrukturalismus oder die Dekonstruktion. Auch in der Verneinung bedarf es der Auseinandersetzung mit dem, was Textarbeit bedingt, nämlich mit Texten und ihrem Verstehen. Die Hermeneutik als Textverstehenslehre ist die allen textwissenschaftlichen Methoden zugrunde liegende Theorie. Selbstverständlich ist dabei zu berücksichtigen, dass es eine Vielzahl unterschiedlicher Hermeneutiken gibt. Im Mittelpunkt der Textinterpretation steht in der heutigen literaturtheoretischen Diskussion das TuK-Axiom, das deutlich macht, dass jeder Text sich implizit oder explizit auf einen Kontext bezieht. Text und Kontext sind jene beiden Bezugspunkte, auf

9 Karl Philipp Moritz: Werke. Hg. v. Horst Günther. Frankfurt a. M. 1981, Bd. 2, S. 545.

deren gegenseitige Verschränkung und Durchdringung jede Interpretation eines Textes abhebt. Der Kontext kann ein biographischer, ein sozialer, ein textueller, ein allgemein historischer sein oder sich aus diesen Einzelaspekten zusammensetzen.

Maßgeblichen Einfluss auf die Konstituierung der Geisteswissenschaften im späten 19. und frühen 20. Jahrhundert hatte die Hermeneutik Wilhelm Diltheys. Er schreibt:

Nun unterscheiden sich zunächst von den Naturwissenschaften die Geisteswissenschaften dadurch, daß jene zu ihrem Gegenstande Tatsachen haben, welche im Bewußtsein als von außen, als Phänomene und einzeln gegeben auftreten, wogegen sie in diesen von innen, als Realität und als ein lebendiger Zusammenhang originaliter auftreten. [...] Für die Geisteswissenschaften folgt dagegen, daß in ihnen der Zusammenhang des Seelenlebens als ein ursprünglich gegebener überall zugrunde liegt. Die Natur erklären wir, das Seelenleben verstehen wir. [...] Der erlebte Zusammenhang ist hier das erste, das Distinguieren der einzelnen Glieder desselben ist das Nachkommende. Dies bedingt eine sehr große Verschiedenheit der Methoden, vermittels deren wir Seelenleben, Historie und Gesellschaft studieren, von denen, durch welche die Naturerkenntnis herbeigeführt ist.[10]

Die Philosophen Martin Heidegger (*Sein und Zeit*, 1927) und Hans-Georg Gadamer (*Wahrheit und Methode*, 1960) entwickelten im Anschluss an Dilthey eine sprachphilosophisch ausgerichtete Hermeneutik. Gadamer stellt das gesprochene Wort und den Dialog in den Mittelpunkt seines Verständnisses von Hermeneutik. Die Methodendiskussion der Jahre zwischen 1960 und 1990 ist ohne die Debatte um Gadamers Philosophie nur unvollständig zu begreifen. Für die Textinterpretation sind vor allem zwei methodische Verfahrensweisen der Hermeneutik von zentraler Bedeutung: Die Lehre vom mehrfachen Schriftsinn und die so genannte Parallelstellenmethode.

---

10 Wilhelm Dilthey: Ideen über eine beschreibende und zergliedernde Psychologie [1894]. Erstes Kapitel: Die Aufgabe einer psychologischen Grundlegung der Geisteswissenschaften, in: Ders.: Gesammelte Schriften. Göttingen, Bd. 5, S. 143 f.

Lehre vom mehrfachen Schriftsinn

sensus litteralis

sensus spiritualis

1. Die Lehre vom mehrfachen Schriftsinn geht davon aus, dass jeder Text (profaner oder religiöser Natur) einen buchstäblichen Sinn (sensus litteralis) und einen übertragenen Sinn (sensus spiritualis) transportiert. Je nach philologischer oder theologischer Schule können durchaus mehrere ›Schriftsinne‹ entwickelt werden. Für unseren Zusammenhang sind die beiden genannten wichtig. Der buchstäbliche Textsinn erschöpft sich im Begreifen der Signifikantenketten, also der Abfolge der Materialität der Zeichen. Der sensus spiritualis hingegen intendiert eine symbolische Bedeutungsebene des Textes, die sich nicht in der Materialität der Zeichen erschöpft. Von dieser Grundunterscheidung lebt jegliche Textinterpretation. Rainer Maria Rilke hat dies 1893 bei der Interpretation von Goethes Gedicht *Der Wanderer* in die Worte gefasst: »Aber ich möchte mich verleitet fühlen, diesem Gedichte noch eine andere *symbolische* Bedeutung zuzusprechen.«[11] So kann beispielsweise die Prometheus-Figur in Goethes *Prometheus*-Gedicht im buchstäblichen Textsinn als Göttersohn, als mythologische Figur verstanden werden. Im übertragenen Textsinn kann Prometheus modellhaft als Künstler und Vertreter einer Genieästhetik begriffen werden.

Parallelstellenmethode

2. Um einen Text angemessen zu verstehen, erschließt man sich als Textdeuter die Bedeutung der Einzelstelle aus dem Verständnis des Ganzen – und umgekehrt ist das Verständnis des gesamten Textes abhängig vom Verstehen der einzelnen Textstelle. Um in diesem circulus vitiosus (Teufelskreis) der sich ausschließenden gegenseitigen Bedingungen einen Erkenntnisfortschritt zu erzielen, bedient man sich der Parallelstellenmethode. Danach wird das Verständnis der einzelnen Textstelle durch die Suche nach gleichen oder ähnlichen Textstellen in demselben Text oder in anderen Texten desselben Autors gefördert. So genannte dunkle Stellen, die sich dem Verstehen zunächst nicht erschließen, können auf diese Weise durch parallele Textstellen erhellt werden.

11 Rainer Maria Rilke: Sämtliche Werke. Hg. v. Rilke-Archiv. 6 Bde. Frankfurt a. M. 1987, Bd. 5, S. 286.

4.2 Werkimmanente Interpretation

Als Gegengewicht zum Positivismus entwickelte sich im ersten Drittel des 20. Jahrhunderts die Geistesgeschichte. Bekannter Vertreter einer literaturwissenschaftlichen Geistesgeschichte war Hermann August Korff. In seinem Buch *Geist der Goethezeit* (1923/53) bezeichnet er die Dichtung der Goethezeit, die er als den Zeitraum zwischen 1770 und 1830 definiert, als Ideendichtung. Geistesgeschichte sei Ideengeschichte, es sei die »klassische Zeit des deutschen Geistes [...], in der der Geist eines Volkes *auf die Höhe seiner selbst* gekommen ist, zum Besten, dessen es fähig war« (Bd. 1, S. 4). Die Anfälligkeit der Geistesgeschichte für nationale, ja nationalistische Vereinnahmungen ist offensichtlich. Heutzutage taugt diese Art geistesgeschichtlicher Definition nicht mehr. Doch findet sich immer noch eine über die in den 1950er und 1960er Jahren wichtige werkimmanente Textinterpretation Emil Staigers (und anderer) vermittelte geistesgeschichtliche Grundhaltung. Danach wird der Blick bei der Interpretation eines Textes ausschließlich auf immanente, also ästhetische, formale oder strukturelle Merkmale gerichtet. Stilgeschichte, Formgeschichte, Motivgeschichte, Thematologie, das close reading, also das textnahe Lesen, sowie das französische Modell der explication de texte sind ebenfalls Verfahrensweisen oder Lektüreformen werkimmanenter Textinterpretation.

Beispiele für konkrete Fragestellungen: Immanente Kriterien einer Textinterpretation sind beispielsweise die Fragen nach der Gattungszugehörigkeit (Formanalyse) eines Textes, nach den verhandelten Themen, nach Stilbesonderheiten, nach der Figurenkonstitution oder nach dem Sprachgebrauch. Ebenso ist die Frage nach der ›Autorintention‹ (was will der Autor uns mit seinem Text sagen?) zentral. Außertextliche Aspekte (Kontext) spielen keine Rolle.

4.3 Sozialgeschichte, Rezeptionsästhetik

sozialgeschichtliche Literaturwissenschaft

Die sozialgeschichtliche Literaturwissenschaft hat sich in Auseinandersetzung mit hermeneutischen und marxistischen Positionen zu Beginn der 1970er Jahre entwickelt. Eine sozialgeschichtliche Textinterpretation ist immer zugleich auch eine Interpretation der gesellschaftlich-historischen Bedingungen, unter denen Literatur entsteht, verbreitet und gelesen wird. Gesellschaftsanalyse und Textanalyse gehen Hand in Hand. Die Anfänge einer Verschränkung von Literaturtheorie und Gesellschaftstheorie sind die Anfänge einer marxistischen Textinterpretation. Heute spielt die marxistische Literaturwissenschaft in der Bundesrepublik keine Rolle mehr. Eine wichtige, weil sich als Korrektiv begreifende Stimme im Chor der Theoriebildung ist damit verstummt.

Rezeptionsästhetik

Am Anfang des neuen Jahrtausends ist auch die sozialgeschichtliche Literaturwissenschaft ein wenig aus der Mode gekommen, was allerdings Vorzüge und Nachteile ihrer Interpretationsverfahren deutlicher zu gewichten erlaubt. Sie wird entweder als Rückkehr zum positivistischen Arbeiten verstanden, wobei Daten und Fakten der Literaturgeschichte mit einer allgemeinen Kultur- und Gesellschaftsgeschichte verschränkt werden, oder sie wird in einer Fusion mit diskursanalytischen, zivilisationstheoretischen, mentalitätsgeschichtlichen und systemtheoretischen Theorieansätzen weitergeführt. Distributions- und Rezeptionsbedingungen von Literatur werden bei einer sozialgeschichtlichen Textinterpretation ebenso stark gewichtet wie produktionsästhetische Bedingungen. Kontextanalyse wird dabei ebenso wichtig wie die Textanalyse im engeren Sinn. Durch die Rezeptionsästhetik rückt die Bedeutung der Rezeption, und damit vor allem die der Leserinnen und Leser von Literatur, in den Mittelpunkt. Der Versuch, einen historischen Verstehenshorizont historischer Leser zu rekonstruieren, findet allerdings dort seine Grenzen, wo wenig gesichertes Wissen über diese Leser vorliegt.

Beispiele für konkrete Fragestellungen: Wie gestalten sich Bewusstseinsformen und Verhaltensstandards etwa von Bürgerlichkeit, von Proletarierkultur oder von höfischer Kultur in der Literatur? Was lässt sich über die Leser eines Textes in Erfahrung bringen (Lesergeschichte)? Wie sieht die Sozialisation der Textrezipienten aus und wie steht es um deren Alphabetisierungsgrad? Welche Rolle spielen Zensurgeschichte, allgemeine politische Geschichte, soziale Standards, Lebensbedingungen etc. als Lenkungsinstanzen der Produktion, Distribution und Rezeption von Literatur?

4.4 Positivismus, empirische Literaturwissenschaft

Positivismus

Der literaturwissenschaftliche Positivismus (zu seiner Bedeutung innerhalb der Fachgeschichte s. o. Kapitel 1) arbeitet heute jenseits einer naturwissenschaftlich verankerten Selbstreflexion. Die Maxime positivistischen Handelns heißt: Daten sichern. Dies bezieht sich auf biographische Daten ebenso wie auf die Daten eines Textträgers. Der Positivismus kann insgesamt als ein Korrektiv zu geistesgeschichtlichen und allzu theorielastigen Diskursen in der Literaturwissenschaft verstanden werden.

empirische Literaturwissenschaft

Die empirische Literaturwissenschaft, die als eine so auch benannte Teildisziplin der Germanistik nur an wenigen Universitäten studiert werden kann, bedient sich nicht nur des positivistischen Handwerkszeugs, sondern auch der Methoden und Verfahrensweisen der empirischen Sozialforschung. Problematisch werden diese Verfahren allerdings bei der Anwendung auf literatur*geschichtliche* Gegenstände, sofern sich die Fragestellungen nicht in der Untersuchung von Rezeptionsformen erschöpfen sollen. Anders gesagt, die Empirie hat in der Literaturwissenschaft dort ihre Grenzen, wo diese historisch arbeiten muss.

Beispiele für konkrete Fragestellungen: Wie lässt sich das Textmaterial beschreiben, welche (biographischen und werkbezogenen) Daten über den Autor und den Text können als gesichert gelten? Das beinhaltet auch Daten zur Entstehungsgeschichte (einschließlich der Handschriften- und Überlieferungsgeschichte) und zur Druckgeschichte eines Textes. Wie lassen sich jene Daten, die der Text selbst benennt (Figurenkonstellation, Themeninventar, formale Auffälligkeiten), exakt beschreiben?

4.5 Poststrukturalismus, Diskursanalyse, Dekonstruktion

Poststrukturalismus

Diskursanalyse

Die Aufregung über die Rede vom ›Tod des Autors‹ in den sechziger und siebziger Jahren des vorigen Jahrhunderts und über den vermeintlichen oder tatsächlichen Verzicht auf rationale Argumentation und Reflexion ist inzwischen vorbei. Übrig geblieben vom Poststrukturalismus ist vor allem eine entscheidende Erkenntnis: Geschichte legt Zeugnis ab vom gesellschaftlichen Zusammenhang zwischen politischer Macht und individuellem Begehren. Macht und Begehren entwickelten sich zu poststrukturalistischen Schlüsselwörtern. Das Medium der Herrschaft von Macht und Begehren sind Diskurse, die sich auch in der Literatur finden. Zugleich übt Literatur Machtkritik und Begehrenskritik. Die Ordnung der Diskurse unterliegt gesellschaftlich, machtspezifisch definierten Ausschließungsregeln, die über die Teilhabe Einzelner an diesen Diskursen entscheiden. Diskursanalyse bedeutet Macht- und Begehrensanalyse, eine literaturwissenschaftliche Diskursanalyse untersucht den Zusammenhang zwischen den Diskursen eines Textes und den Diskursen des Kontextes. Die Frage nach einer ›Autorintention‹ oder einem individuellen Autor wird damit nebensächlich.

Dekonstruktion

Eine dekonstruktivistische Textinterpretation setzt die Aufhebung binärer Logik, beispielsweise von Text-Kontext-, Teil-Ganzes- oder Wahr-Falsch-Antinomien, voraus. Die Gattungstrennung, sei sie nun theoretisch begründet oder pragmatisch gehandhabt, zwischen einem philosophischen und einem literarischen Text (oder allgemeiner gesagt: zwischen einem nicht-fiktionalen und einem fiktionalen Text) wird ebenfalls aufgehoben. Die Differenz zwischen wörtlichem Sprechen und uneigentlichem Sprechen in Texten wird nivelliert, Bedeutungsausschließungen (aufbewahrt etwa in Begriffen wie ›marginal‹, ›unbedeutend‹, ›nebensächlich‹) werden ignoriert und Bedeutungshierarchien (›Dissemination‹ als Bedeutungsstreuung) eingeebnet. Demnach gibt es kein eindeutiges, sicheres Textverstehen, da die Eindeutigkeit der Zeichenbedeutung nicht garantiert ist. Derridas Interpretation von Kafkas Parabel *Vor dem Gesetz* mag hier als Beispielhinweis genügen. Die Gefahr des willkürlichen, assoziativen, gleichsam des ›schwebenden‹ Textinterpretierens ist nach Ansicht der Kritiker der Dekonstruktion groß. Ein Korrektiv hierzu könnte in der Faktensicherung bestehen, also in der Frage: Was lässt sich zu einem Text, zu einem Autor oder zu Epochenaspekten an gesicherten Fakten beschreiben? Doch dekonstruktivistisch gewendet wäre genau diese Fragestellung unzulässig, da sie mit einem gesicherten Verständnis von Wahrheit (Fakten) operiert.

Beispiele für konkrete Fragestellungen: Welche machtspezifischen Ausschließungsregeln lassen sich in einem Text feststellen? Wie gestalten sich Begehrens- und Machtdiskurse in einem Text? Welche Rolle spielt dabei die Figurenkonstellation? Werden Figuren und Sprache zum Dokument einer affirmativen oder einer kritisch-utopischen Haltung? Welche Erkenntnisse lassen sich aus dem Text gewinnen, wenn er gegen autorintentionale und gegen zeitgenössische dominante Diskurserwartungen gelesen wird?

4.6 Literaturpsychologie, Psychoanalyse, Psychohistorie

Literaturpsychologie

Psychoanalyse

Psychohistorie

Man muss bei einer psychologischen Textinterpretation grundsätzlich unterscheiden zwischen einem ichpsychologischen und einem werkpsychologischen Ansatz. Die Ichpsychologie ist in erster Linie an der psychischen Konstitution des Autors oder der Autorin und den psychischen Bedingungen der Textproduktion interessiert. Sie fragt beispielsweise nach den Leiden und der psychischen Befindlichkeit eines Autors oder einer Autorin im Moment des Schreibens. Ein werkpsychologischer Zugang überträgt dieses Verständnis auf das Werk selbst, betrachtet gleichsam das Werk als ein objektivierbares ›Ich‹. Literaturpsychologie und Psychoanalyse (des Autors oder des Werks) verfolgen eine am Einzelnen orientierte Fragestellung, die Psychohistorie hingegen befragt gesellschaftliche Befindlichkeiten wie beispielsweise historische Affektmuster oder Denkbilder. Die Literatur wird jeweils als Dokument dieser individuellen oder gesellschaftlichen psychischen Prozesse verstanden.

Beispiele für konkrete Fragestellungen: Wie geht eine Gesellschaft mit ihrem Triebpotenzial in einem bestimmten historischen Augenblick um? Welche Bedeutung hat die Triebsublimierung oder Affektdämpfung bei der Konstituierung der bürgerlichen Gesellschaft im 18. Jahrhundert und welche Rolle bzw. welche Funktion übernimmt dabei die Literatur? Welche seelischen Konflikte bedingten oder beeinflussten den individuellen Schreibprozess?

4.7 Feministische Literaturwissenschaft, gender studies

Eine geschlechterdifferente Textinterpretation ist heutzutage weitgehend schon Standard. Sie fragt grundsätzlich nach der Geschlechterdifferenz in Texten. Dabei kann es ebenso aufschlussreich sein, das Geschlecht des Autors/der Autorin in

feministische Literaturwissenschaft

gender studies

der Interpretation zu berücksichtigen wie geschlechterdifferente Handlungsweisen einzelner Textfiguren oder geschlechterdifferentes Kommentieren von Handlungen und Figuren in Texten zu untersuchen.

Die feministische Literaturwissenschaft liest die (Literatur-) Geschichte der Frauen als deren Unterdrückungsgeschichte. Gesellschaftskritik ist somit Patriarchatskritik und umgekehrt. Frauenbilder sind historisch-kulturell geprägt und als Denk- und Handlungsmuster analysierbar. Die Literatur ist derjenige Ort, wo Alternativen, Gegenentwürfe formuliert und fiktiv erprobt werden können. Sie ist aber zugleich auch dasjenige Medium, das – historisch gesehen – Frauenbilder festigt. Die Rekonstruktion einer Frauen-Literaturgeschichte und die Rekonstruktion einer Tradition weiblichen Schreibens sind entscheidende Leistungen feministischer Literaturwissenschaft. Sie untersucht auch die Frage nach den Bedingungen und den Besonderheiten weiblichen Schreibens. Sie ist insofern sowohl produktions- als auch rezeptionsorientiert. Neuerdings zeichnet sich in den gender studies eine Öffnung hin zu männergeschichtlichen Fragestellungen ab. Man fragt nun also nicht mehr ausschließlich danach, wie sich zu einem historischen Zeitpunkt das gesellschaftlich und kulturell männlich überformte Bild von der Frau gestaltet hat, sondern wie sich die Geschlechterbilder von Mann und Frau insgesamt konstituieren.

> **Beispiele für konkrete Fragestellungen:** Wie sieht das im Text generierte Geschlechterbild aus? Lässt sich das Frauenbild des Autors/der Autorin rekonstruieren? Was sagt dies über die kulturellen und gesellschaftlichen Implikationen? Wie konstituieren sich Mann-Frau-Beziehungen im Text und wie werden sie beschrieben? Wie verhalten sich diese Beschreibungen zum repräsentativen Frauenbild der Zeit?

4.8 Kulturwissenschaft, Medienwissenschaft

Ob man von einem genuinen kulturwissenschaftlichen und/oder medienwissenschaftlichen Methodenansatz in der Neueren deutschen Literaturwissenschaft sprechen kann, ist umstritten. Auch kultur- und medienwissenschaftliche Interpretationen von Texten bedienen sich jenes Methodeninventars, das den Literaturwissenschaften insgesamt zur Verfügung steht. Produktiver und innovativer indes sind jene Ansätze, die versuchen, die Literaturtheorie in eine allgemeine Medien- oder Kulturtheorie einzufügen.

kulturwissenschaftliche Literaturwissenschaft

Ein aktuelles Paradigma (wissenschaftliches Beispiel) kulturwissenschaftlicher Literaturwissenschaft ist der so genannte semiotische Kulturbegriff. Dieser begreift Kultur insgesamt, also nicht nur Eliten- oder Höhenkultur, sondern auch Alltagskultur und kulturelle Gebrauchsformen, als Zeichenketten, die als Text gelesen werden können und zu deren Interpretation man sich insofern literaturwissenschaftlicher Verfahren bedienen kann. Kultur als Text wird buchstäblich oder im übertragenen Sinn als Metapher verstanden. Lesbare – und das heißt deutbare – Zeichen sind demnach schriftliche Zeugnisse fiktionaler und nicht-fiktionaler Herkunft ebenso wie Gespräche, Rituale, Alltagsgegenstände, Mentalitäten, Kunstwerke, Bauten etc. Hier berührt die Literaturwissenschaft Fragestellungen der Ethnographie und Ethnologie und es ist umstritten, wie sich der Nutzwert dieses Paradigmas bewerten lässt.

Medienwissenschaft

Eine germanistische Medienwissenschaft geht weit über die ›klassische‹ Frage nach der Verfilmung literarischer Texte hinaus. Ein erweiterter Medienbegriff erschöpft sich demzufolge nicht mehr nur im Verständnis als Film- und Fernsehmedium, sondern beschäftigt sich mit Fragen der Intermedialität, der Mediendifferenz, der Multimedialität und mit Hypertexten. Der Medienbegriff wird allerdings nicht konsistent gebraucht. Als Medien menschlicher Kommunikation lassen sich drei Kategorien unterscheiden: Primäre Medien (die ohne technische Hilfsmittel funktionieren – orale und non-verbale Kommunikation), sekundäre Medien (deren Produktion technische Hilfsmittel erfordert – Buchstabengebrauch in

Handschriften und Druck, Massenmedien, Zeitungen etc.) und tertiäre Medien (die technische Hilfsmittel bei Produktion und Rezeption voraussetzen – Telegraph, Grammophon, Film, Radio, Fernsehen, Internet).

Beispiele für konkrete Fragestellungen: Welche kulturellen ›Codes‹ (Sprache, Bewusstseinsformen, Verhaltensstandards etc.) dokumentiert ein Text? Welche kulturdifferenten und kulturspezifischen Einschreibungen finden sich in einem Text? Welche Funktion kommt im kulturellen Prozess zu einem bestimmten historischen Zeitpunkt der Literatur zu? Welche Rolle spielen dabei primäre Kulturtechniken (Lesen, Schreiben)? Zwei Leitfragen können formuliert werden:

1. Was erfahren wir etwa aus kulturellen Zeugnissen (allgemeiner: Nicht-Literatur) über Literatur?

2. Was erfahren wir aus der Literatur etwa über den kulturellen Prozess (allgemeiner: Nicht-Literatur)?

Überschneidungen mit anderen methodischen Ansätzen sind die Regel.

Die medienwissenschaftliche Germanistik untersucht beispielsweise die Mediendifferenz zwischen Text und Nicht-Text (Buch-Film oder Buch-Theaterinszenierung) oder den ›Mediensprung‹ etwa zwischen Handschriftlichkeit und Druckschriftlichkeit. Qualitative (ästhetische) und quantitative (empirische) Fragen der Film- und Fernsehanalyse bis hin zur Theorie und Praxis von Hypertexten können eigenständige Arbeitsgebiete darstellen.

5 Grundlagen des Studiums

5.1 Der Beginn des Studiums

Die Frage: Wie studiere ich Germanistik richtig?, lässt sich wohl auch nach dem Examen kaum abschließend beantworten. Sie muss indes bereits in den ersten Tagen zumindest in pragmatischer Absicht geklärt werden.

Das Studium der Neueren deutschen Literaturwissenschaft ist kein ausschließlich literarhistorisch ausgerichtetes Studium, es setzt vielmehr auch Interesse an der Gegenwartsliteratur voraus. Zum besseren Verständnis dieser Literatur sind Kenntnisse der Literaturgeschichte freilich unverzichtbar – und damit befinden wir uns mitten in einem so genannten hermeneutischen Zirkel. Wir können das eine nicht ohne das andere verstehen. Es gilt die Gegenwärtigkeit des Vergangenen zu sichern und die Geschichtlichkeit der Gegenwart zu begreifen. Aus diesem Dilemma zu entfliehen, ist nach gängiger Lehrmeinung unmöglich, aber es muss nicht gleich so enden wie das Leben eines großen germanistischen Gelehrten des 19. Jahrhunderts. Bernhard Suphan (1845–1911) legte sich nach über dreißigjähriger mühseliger Arbeit an der heute noch maßgeblichen Herder-Ausgabe in 33 Bänden (1877–1913) einen Strick um den Hals, erklomm einige der aufgetürmten Bände und stieß den Stapel unter sich weg.[12] Dies ist zugegeben ein drastisches Beispiel, meist geht das Studieren glimpflicher ab.

Zum Studium der Neueren deutschen Literaturwissenschaft kann der Besuch der Frankfurter Buchmesse ebenso gehören wie das Interesse am so genannten literarischen Leben. Theaterbesuche, Autorenlesungen, Literaturkritik in Zeitungen, im Rundfunk, im Fernsehen – all das sind nicht nur spätere Berufsfelder für Germanistikabsolventen, sondern schon während des Studiums wichtige Informationsquellen

---

12 Vgl. Jutta Hecker: Bernhard Suphan. Eine biographische Skizze, in: Goethe-Jahrbuch 98 (1981), S. 225–237.

über den kulturellen Stellenwert von Literatur in unserer Gesellschaft.

Für die ersten Monate in neuer Umgebung sind für Sie möglicherweise folgende Hinweise hilfreich: Informieren Sie sich über die Studien- und Prüfungsordnungen Ihres Fachs, die an Ihrer Universität Gültigkeit besitzen. Machen Sie sich mit den studientechnischen Verschränkungen des Fachs und Fächerkombinationen vertraut. Versuchen Sie möglichst bald strukturelle, konzeptuelle und personelle Zusammenhänge zu durchschauen. Es kann nie ausschließlich darum gehen zu studieren, sondern auch darum zu begreifen, wo man studiert, und die Schwächen und Stärken ›seiner‹ Universität zu kennen.

eigenständiges Arbeiten

Die größten Schwierigkeiten bei Studienbeginn liegen in der Regel in der Bewältigung der Fülle von Informationen. Verwechseln Sie niemals Universität mit Schule. An der Universität ist eigenständiges Arbeiten gefragt. Ihre Selbstständigkeit in Studiensachen ist zugleich Ihre Eigenverantwortlichkeit. Nutzen Sie diese Freiräume produktiv und gestalten Sie neben dem offiziellen Pflichtangebot Ihr Studium nach eigenen Überlegungen. Das bedeutet praktisch, dass Sie stets mehr Übungen, Seminare und Vorlesungen besuchen sollten als unbedingt nötig. Ein Germanistikstudium im Allgemeinen und das Studium der Neueren deutschen Literaturwissenschaft im Besonderen hat neben der Erfordernis Wissen zu erwerben auch etwas mit Bildung zu tun – unabhängig davon, ob Sie später in der Schule oder in einem Unternehmen arbeiten werden.

Semester

Deshalb ist es sinnvoll, schon früh die Beratungsmöglichkeiten für Studienanfänger zu nutzen. Hier erwarten Sie praktische Tipps zur Studiengestaltung. Viele Universitäten bieten Orientierungstage oder eine Orientierungswoche zu Beginn der Vorlesungszeit an. Kümmern Sie sich rechtzeitig um die Termine. Ein Semester dauert kalendarisch sechs Monate, die Vorlesungszeit, innerhalb derer die Lehrveranstaltungen abgehalten und Prüfungen durchgeführt werden, erstreckt sich im Sommer- wie im Wintersemester jeweils auf 12 bis 14 Wochen. Die so genannten ›Semesterferien‹ dienen der Aufarbeitung des vorangegangenen oder der Vorbereitung des nachfolgenden Semesters – und sind außerdem meist für die Studierenden die einzige Möglichkeit, sich ökonomisch (zusätzlich) abzusichern.

Tutorium

Auch Tutorien helfen, sofern sie angeboten werden, beim Studienbeginn. Ein Tutorium ist eine Begleitveranstaltung zu einem Pro- oder Hauptseminar oder zu einer Vorlesung; es wird in der Regel von einem Studierenden der höheren Semester im Auftrag eines Dozenten geleitet. Aufgabe des Tutoriums ist es Ihnen Hilfestellung in praktischen Fragen zum Studium oder zu einer Lehrveranstaltung anzubieten.

Bibliothek

Je früher Sie eine Orientierung in Ihrer Bibliothek bekommen, desto sicherer werden Sie sich fühlen. Für Studienanfänger werden regelrechte Bibliotheksführungen angeboten, doch sollte darüber hinaus die individuelle Erkundung schon rechtzeitig auf dem Programm stehen. Institutsbibliothek und Universitätsbibliothek sollten bald vertraute Orte werden. Lassen Sie sich nie durch eine womöglich unfreundliche Auskunft entmutigen. Für Bibliotheken gilt grundsätzlich die Binsenweisheit: Was nicht am Standort ist, gibt es trotzdem!

Zusammenfassend: Übernehmen Sie sich nicht, trauen Sie sich am Anfang nicht zu viel zu, denn Sie müssen zuerst einmal mit den völlig anderen Arbeitsbedingungen des Universitätsbetriebs vertraut werden. Ein Richtwert kann am Anfang vielleicht helfen: Jede Veranstaltung zieht das zwei- bis dreifache an Arbeitsfolgen nach sich. Und Arbeit bedeutet beim Studium der Neueren deutschen Literaturwissenschaft vor allem: Lesen.

5.2 Recherchieren und Bibliographieren

Allgemeine Hinweise zur Abfassung von schriftlichen Arbeiten (Pro- und Hauptseminararbeiten, Examensarbeiten) sowie nützliche Hinweise zu den Recherchetechniken der Literaturwissenschaft bieten das Buch von Georg Bangen *Die schriftliche Form germanistischer Arbeiten* (1990) und das

Heftchen *Duden: Die schriftliche Arbeit* (2006). Das wichtigste Findebuch des Fachs ist Hansjürgen Blinns *Informationshandbuch Deutsche Literaturwissenschaft* (2001). Bei richtigem Umgang wird dieses Buch auf jede Frage des Recherchierens eine Antwort bereithalten.

> Zwei Tätigkeiten werden Ihr Studium kennzeichnen: Recherchieren und Bibliographieren. Beides wird in den Einführungsveranstaltungen (Grundkursen) zum Studium gelehrt und gelernt. Doch ist ein eigenes frühzeitiges Engagement unverzichtbar. Zu den operativen Grundkenntnissen zählt:
>
> – zu wissen, was man recherchieren muss,
>
> – zu wissen, wo man recherchieren muss, und
>
> – zu wissen, wie man recherchieren muss.

In den vergangenen Jahren sind immer mehr Bibliotheken dazu übergegangen, die klassischen Kataloge mit Karteikärtchen durch computergestützte Kataloge zu ersetzen. Diese Möglichkeiten und Vorgaben der online-Recherchen beschränken jedoch den für die Wissenschaft eigentlich unverzichtbaren Zufallsfaktor, wonach etwas bibliographisch gefunden wird, was ursprünglich gar nicht gesucht war. Neben kriminalistischem Spürsinn gehört nämlich auch eine Portion Assoziationslust zum literaturwissenschaftlichen Recherchieren.

einschlägige Forschungsliteratur

Was müssen Sie recherchieren: Wenn Sie ein Themenfeld haben, zu dem Sie recherchieren wollen, dann ist es hilfreich, frühzeitig ein Suchthema (gegebenenfalls mehrere Suchthemen) zu isolieren. Angenommen, Sie wollen zum Themenfeld Friedrich Schiller etwas wissen, dann können Sie unmöglich alle Forschungsarbeiten durchforsten. Grenzt man das Themenfeld ein, bleibt am Ende zum Beispiel das Drama *Die Räuber* übrig. Sie können die Eingrenzung quasi differenzialdiagnostisch Schritt für Schritt vornehmen: Schließen Sie sukzessiv jene Themen oder Themenfelder aus, die mit Ihrer eigentlichen Fragestellung nichts zu tun haben. Die Gefahr, dass man dabei etwas übersieht, besteht allerdings immer. Im Zweifelsfall helfen die Dozenten, die einschlägige Forschungsliteratur zu erkennen. Je länger und d. h. je intensiver Sie studieren, desto sicherer werden Sie in solchen Fragen werden. Erfahrung ist in diesem Feld von unschätzbarem Wert und hoher Verlässlichkeit.

Findebuch

wissenschaftliche Monographie

Zu wissen, wo man recherchieren muss, ist eine rein organisatorische Aufgabe. Die genaue Kenntnis von Standorten einschlägiger Nachschlagewerke und Bibliographien zahlt sich aus. Das *Informationshandbuch* von Blinn gibt z. B. sehr detailliert über die entsprechenden Basiswerke Auskunft. Sie müssen also wissen, wo Sie diese Werke in Ihrem Institut oder Ihrer Universität finden. Um beim Beispiel ›Schiller‹ zu bleiben: Sie können das *Jahrbuch der Deutschen Schillergesellschaft* zur Hand nehmen, worin regelmäßig Bibliographien zu allen Schiller betreffenden Themen abgedruckt sind, und Sie sollten mit der Zeitschrift *Germanistik* und mit der Bibliographie von Eppelsheimer/Köttelwesch arbeiten. Bibliographieren Sie so lange chronologisch rückwärts, bis Sie auf ein Findebuch stoßen. Die Schwierigkeit dabei ist, dass Findebücher als solche nur mit viel Übung und Erfahrung zu erkennen sind. Ein Findebuch kann eine Bibliographie sein, die einen bestimmten Veröffentlichungszeitraum berücksichtigt. Wenn Sie beispielsweise mit Hilfe der *Germanistik* vom aktuellen Vierteljahrsband rückwärts bibliographiert haben und im Jahrgangsband 1995 auf eine Bibliographie stoßen, die alle bis 1993 erschienenen Arbeiten über Schillers *Räuber* berücksichtigt, dann genügt es, wenn Sie lediglich für die Lücke von zwei Jahren weiter bibliographieren und für die Zeit bis 1993 mit der Bibliographie des Findebuches arbeiten. Ein Findebuch kann auch eine wissenschaftliche Monographie sein. In der Regel sind die wissenschaftlichen Standards so definiert, dass die einschlägigen Forschungsarbeiten in den so genannten Qualifikationsschriften (Dissertation und Habilitationsschrift) und den anderen wissenschaftlichen Monographien aufgearbeitet sind. Verlassen kann man sich freilich nicht immer darauf, es bleibt ein ›Restrisiko‹.

Wie man recherchieren muss: Sie müssen anhand der gedruckten Daten in Ihrer Bibliographie oder dem Findebuch beurteilen, ob der Titel eines Aufsatzes oder eines Buches für Ihr Thema aussagekräftig ist. Sofern ein Aufsatz in einer Zeitschrift abgedruckt ist, die Sie in Ihrer Instituts- oder Universitätsbibliothek finden, können Sie ihn sich anschauen und schnell klären, ob er thematisch und inhaltlich für Ihre Arbeit wichtig ist. Dasselbe gilt auch für ein Buch, das vorhanden ist. Wenn Sie aber eine Fernleihe aufgeben müssen, dann bleibt auch hier ein ›Restrisiko‹. Auch wenn der Titel sich interessant anhört: Sie wissen nicht, was Sie bestellen. Deshalb geben Sie im Zweifelsfall lieber mehr Fernleihen auf (mit der Gefahr eines größeren Ausschusses) als zu wenig (mit der Gefahr, wichtige Fachliteratur zu übersehen).

5.3 Auswählen und Paraphrasieren

Die bibliographisch erfasste und herangezogene Literatur wird nun gelesen und ausgewertet, Sie legen sich Exzerpte oder Notate an. Achten Sie darauf, dass Sie stets absolut korrekt zitieren. Ein Zitatfehler in einer literaturwissenschaftlichen Arbeit ist ein kapitaler Fehler. Dies gilt natürlich nur für die wörtlichen Zitate, bei denen Sie den Wortlaut unverändert aus ihrer Textvorlage übernehmen.

Paraphrasieren

Interpretieren

Viele Studierende verwechseln Interpretieren mit Paraphrasieren. Paraphrasieren heißt, Sie müssen in der Lage sein, den Inhalt eines Textes, sei er aus der Quellenliteratur oder aus der Forschungsliteratur genommen, inhaltlich exakt mit eigenen Worten wiederzugeben. Diese Fähigkeit ist zwar für ein späteres Berufsleben gleich welcher Art unverzichtbar, doch wird in der universitären Ausbildung vor allem das Interpretieren gelernt und trainiert. Interpretieren heißt: Sie weisen nach, dass Sie kreativ mit einem Text und der dazugehörigen wissenschaftlichen Literatur umgehen können.

Merken Sie sich die einfache Faustregel:

Beschreiben + Deuten = Interpretieren.

5.4 Schriftliche Arbeiten

Einige Formen schriftlicher Arbeiten werden während Ihres Studiums immer wieder von Ihnen gefordert. Es ist sehr entlastend, wenn Sie hier so schnell wie möglich Routine gewinnen.

Protokolle

Ergebnisprotokoll

Verlaufsprotokoll

– Protokolle – Klären Sie mit Ihrem Dozenten, ob er ein Verlaufsprotokoll oder ein Ergebnisprotokoll wünscht. An den Beginn des Protokolls gehören die unverzichtbaren Grundlageninformationen: Semester und Thema der Veranstaltung, Leiter des Seminars, Thema der Sitzung, Name des Protokollanten, Datum. Das Ergebnisprotokoll informiert in knappen Worten (oft genügen Stichworte) über die jeweiligen End- und/oder Teilergebnisse einer Sitzung, über Tafelbilder oder Overheadprojektionen sowie Literaturhinweise. Es enthält keine genaue Aufzeichnung über den Verlauf der Diskussion mit allen Argumenten und Gegenargumenten. Dies ist Inhalt des Verlaufsprotokolls, das umfassender und detaillierter ausfällt und unterschiedliche Standpunkte bei Diskussionen exakt wiedergibt.

Referate

– Referate – *clarus et distinctus* (klar und deutlich) Sprechen heißt die oberste Maxime. Aber auch klar und deutlich den vorzutragenden Sachverhalt vorbereiten, auf die Argumentationslogik, die Stimmigkeit einzelner Gedankengänge und die Zuverlässigkeit von Textbeobachtungen achten. Halten Sie Ihr Referat zu Hause zur Probe. Wenn Sie ein Zeitlimit genannt bekommen, dann halten Sie sich exakt daran. Frei reden, die Zuhörenden immer wieder anschauen, mit einbeziehen, Medien nutzen (Tafel, Overheadprojektor, Beamer, Videoanlage etc.). Sprechen Sie laut und langsam, folgen Sie den natürlichen Betonungen des Textes und versuchen Sie eigene Akzente zu setzen. Heben Sie das Wichtige auch stimmlich und gestisch hervor, formulieren Sie knapp und fügen Sie bei komplexen Sachverhalten Wiederholungen in einer anderen Formulierung ein.

**Hausarbeiten
(Pro- und Haupt-
seminararbeiten)**

Themenfindung

Materialsammlung

**Ausarbeitung und
Überarbeitung**

– Hausarbeiten (Pro- und Hauptseminararbeiten) – *inventio, dispositio, elocutio.* An diesem alten, rhetorischen, dreischrittigen Verfahren hat sich bis heute nichts geändert, außer dass die Terminologie modernisiert wurde.

Der erste Schritt besteht darin, ein Thema zu finden (*inventio* = Stoffsammlung). Der beste Fall für Sie und den Dozenten ist, Sie finden Ihr Thema selbst. Aber Sie müssen auch in der Lage sein, ein ›verordnetes‹ Thema gewissenhaft zu erarbeiten. Meist wird zu Beginn des Semesters entweder in einer Vorbesprechung oder in der ersten Sitzung eine Liste jener Themen zum Seminar genannt, die für ein Referat oder für eine Hausarbeit in Frage kommen. Soweit möglich, werden Dozenten und Dozentinnen Ihre Anregungen sicherlich berücksichtigen. Vermeiden Sie im eigenen Interesse ausbildungsspezifische Wiederholungsstrukturen. Wenn Sie also in der Schule bereits ein Referat zu Goethes *Werther* gehalten haben, sollten Sie dieses Thema nicht gleich in den ersten Semestern für ein Referat oder eine Hausarbeit wieder wählen.

Der zweite Schritt besteht in der Materialsammlung und der Materialsichtung, in der Erarbeitung einer kognitiven Ordnung für ihre Arbeit (*dispositio* = Gliederung, Anordnung). Sie müssen recherchieren und bibliographieren. Die Quellen- und die Forschungsliteratur müssen im Hinblick auf Ihr Thema ausgewertet werden.

Der dritte Schritt besteht in der schriftlichen Ausarbeitung, also der Phase der Niederschrift (*elocutio* = Ausarbeitung) und Überarbeitung. Hier kommen die interpretativen Verfahren von Beschreiben und Deuten zur Geltung; die Methodenentscheidung ist zu treffen. Der Umfang der Hausarbeit hängt davon ab, welche Vorgaben Ihre Dozenten formuliert haben und wie ›ergiebig‹ Ihr Thema ist. Lassen Sie Ihre Hausarbeit auf jeden Fall, bevor Sie das Manuskript zur Benotung abgeben, von einem Kommilitonen oder einer Kommilitonin Korrektur lesen.

Als Hilfe für die ersten Versuche, eine wissenschaftliche Hausarbeit (im Grundstudium Proseminararbeit genannt) zu schreiben, ist das folgende Merkblatt gedacht. Bitte sprechen

Sie sich im Einzelfall unbedingt stets mit Ihren Dozenten und Dozentinnen ab und beachten Sie die Institutshomepage.

Zusammenfassendes Schema zur Hausarbeit

Aufbau	1. Der Aufbau folgt dem Muster:	Titelblatt Inhaltsverzeichnis Forschungsüberblick Hauptteil (Textinterpretation) Bibliographie (Literaturverzeichnis)
Umfang	2. Der Umfang der Arbeit:	10 bis 15 Seiten DIN A 4 (eine Hauptseminararbeit kann etwas umfangreicher sein) 1,5-zeilig beschrieben einseitig beschrieben 12-Punkt-Schrift 4 cm breiter Rand links die Blätter sind zu nummerieren (durchgehende Seitenzählung, Seite 1 ist das Titelblatt)
Titelblatt	3. Das Titelblatt nennt:	Ihren Namen Ihre Anschrift Studiengang Studienfächer und Fachsemesterzahl Universität, Fachrichtung aktuelles Semester Titel und Typ der Lehrveranstaltung Namen des/der Seminarleiters/in das Thema der Hausarbeit
Inhaltsverzeichnis	4. Das Inhaltsverzeichnis folgt unmittelbar auf das Titelblatt. Es enthält die Kapitelgliederung, gibt die Seitenzahlen der einzelnen Kapitel und Abschnitte an. Die Gliederungspunkte erscheinen im Text als (Zwischen-) Überschriften. Die Gliederung sollte vor der endgültigen Konzeption und Niederschrift der Arbeit gefunden sein.	

Forschungsüberblick

5. Im Forschungsüberblick (auch ›Zur Lage der Forschung‹ genannt) weisen Sie nach, dass Sie die einschlägige Forschungsliteratur zu Ihrem Thema gelesen, ausgewertet und ausgewählt haben. Sie referieren knapp die wichtigsten Positionen und Thesen und bewerten diese entweder affirmativ (zustimmend) oder kritisch (dann mit genauen Argumenten Ihrer Kritik). Eine detaillierte Auseinandersetzung mit einzelnen Forschungspositionen erfolgt im Hauptteil Ihrer Arbeit.

Hauptteil

6. Der Hauptteil muss eine klare These erkennen lassen, mit der Sie Texte oder Themen interpretieren. Er kann in mehrere Unterkapitel gegliedert sein, die aber insgesamt argumentationslogisch aufeinander aufbauen müssen. Vermeiden Sie die redundanten Formulierungen ›wie oben schon gesagt‹ oder ›wie gesagt‹ etc. Zu Beginn des Hauptteils muss auch Ihre Methodenentscheidung deutlich werden. Es macht einen großen Unterschied, ob Sie werkimmanent, sozialgeschichtlich, psychoanalytisch, feministisch oder anders einen Text interpretieren.

Bibliographie

7. Die Bibliographie (das Literaturverzeichnis) bildet den Schluss der Arbeit. Sie muss alle Titel enthalten, die Sie für Ihre Hausarbeit zu Rate gezogen und benutzt haben – also auch solche, die für Ihre Arbeit wenig oder gar nicht brauchbar waren. Ausnahme: allgemeine Nachschlagewerke oder summarische Nennungen. Angaben wie ›Die Bibel‹ oder ›Meyers Volkslexikon‹ sind unsinnig, sofern Sie nicht ausdrücklich daraus zitieren oder diese Titel Gegenstand Ihrer Arbeit sind. Titel, die Sie nicht selbst in der Hand hatten, haben in der Bibliographie nichts zu suchen. Die Anordnung der einzelnen Titel in der Bibliographie folgt der Einteilung in 1. Primärliteratur (oder Quellenliteratur) und 2. Sekundärliteratur (oder Forschungsliteratur) und hält jeweils eine streng alphabetische Reihenfolge ein.

Magister- und Staatsexamensarbeit, Thesis

– Magister- und Staatsexamensarbeiten – Das Thema für eine Abschlussarbeit (Magister- und Staatsexamensarbeiten) zu finden, bedarf sorgfältiger Überlegung. Sie sollten sich ganz sicher sein, dass Sie sich mit Ihrem Thema ›anfreunden‹ können ohne einer Überidentifikation zu erliegen, denn Sie werden sich mindestens sechs Monate mehr oder weniger Tag und Nacht damit beschäftigen. Das Thema muss Sie begeistern, aber auch innerhalb des vorgegebenen Zeitraums, der bei den meisten Universitäten zwischen fünf und sechs Monaten vom Zeitpunkt der formellen Anmeldung bis zur Abgabe des Manuskripts beträgt, zu bewältigen sein. Natürlich können Sie informell bereits zuvor mit den Arbeiten an Ihrem Manuskript beginnen. Besonders die Materialsammlung und die Materialsichtung sind oft recht zeitintensiv. Geben Sie aber niemals zu früh ab! Sind Sie deutlich vor Ablauf der Abgabefrist bereits fertig, lassen Sie das Manuskript liegen und lesen Sie es einige Zeit später nochmals gründlich Korrektur, nicht nur auf inhaltliche Kriterien, sondern mindestens einmal ausschließlich auf Orthographie und Interpunktion und im Hinblick auf die formale Gestaltung, wie beispielsweise die Anlage der Fußnoten, die Bibliographie, die Vereinheitlichung von Zitierweisen usf.

Der Umfang von Magister- und Staatsexamensarbeiten, Thesis schwankt nicht nur in den einzelnen Fächern, sondern differiert auch oft erheblich bei einzelnen Dozenten und Professoren. Die Obergrenze liegt in der Regel zwischen 50 und 100 Manuskriptseiten. Staatsexamensarbeiten und Thesis sollten weniger umfangreich ausfallen als Magisterarbeiten.

Dissertation

– Dissertationen – Eine Dissertation muss ein altes Thema neu oder ein neues Thema auf bewährte methodische Weise erarbeiten. Sie muss den Nachweis selbstständiger wissenschaftlicher Arbeit erbringen und das gestellte Thema erschöpfend behandeln. Näheres regeln und bestimmen die jeweiligen Promotionsordnungen der Universitäten. Für die formale Gestaltung (vornehmlich des Titelblatts und der eidesstattlichen Versicherung am Ende der Arbeit) gelten oftmals eigene Bestimmungen der jeweiligen Fakultäten. Bitte informieren Sie sich gegebenenfalls bei Ihrem Betreuer oder auf dem Dekanat Ihres Fachbereichs.

5.5 Zitieren

Abweichungen zwischen unterschiedlichen Zitations- und Belegsystemen, etwa zwischen dem angelsächsischen und dem deutschen Verfahren, sowie Abweichungen zwischen den einzelnen Empfehlungen und Merkblättern zur Abfassung wissenschaftlicher Arbeiten sind an der Tagesordnung. Entscheidend ist, dass Sie sich erstens nach den Standards und Gepflogenheiten an Ihrem Institut erkundigen und zweitens das einmal gewählte Zitations- und Belegsystem konsequent beibehalten, also nicht unterschiedliche Formen miteinander mischen.

Zitate

Primärliteratur

– Zitate aus Primär- und Sekundärliteratur werden durch doppelte Anführungszeichen kenntlich gemacht. Langzitate, also Zitate, die über drei Zeilen hinausgehen, werden eingerückt, engzeilig gedruckt und dafür nicht mit An- und Abführungszeichen gekennzeichnet. Greifen Sie als Verfasser oder Verfasserin in eine zitierte Textstelle ein, so müssen Sie diesen Eingriff (Auslassung oder Ergänzung) durch eine eckige [...] Klammer kenntlich machen. Die Anmerkungen sind durchnummeriert und stehen am Seitenende. Für die Primärliteratur (Quellen) gilt, dass grundsätzlich historisch-kritische bzw. kritische Ausgaben oder, falls diese fehlen, Originalausgaben zu benutzen und zu zitieren sind. Über zitierfähige Ausgaben informieren die einschlägigen bibliographischen Hilfsmittel.

Anmerkungen

– Anmerkungen – Wenn Sie in Ihrer Arbeit direkt (Zitatbelege) oder indirekt (Hinweise) auf Primär- oder Sekundärliteratur verweisen oder daraus zitieren, so muss dies jeweils in Form einer Anmerkung nachgewiesen werden. Darüber hinaus enthalten Anmerkungen weiterführende Literaturhinweise und Gedanken, die nicht unmittelbar in Ihren Haupttext gehören. Bei der ersten Nennung eines Titels aus dem Literaturverzeichnis in den Anmerkungen erfolgt ein vollständiger bibliographischer Beleg. Ab der zweiten Nennung können Sie ein Abkürzungsverfahren wählen, z. B. Verfasser: Kurztitel, Seitenzahl, oder Verfasser: Erscheinungsjahr, Seitenzahl. Anmerkungen werden durch einen Punkt abgeschlossen.

Die bibliographischen Angaben gestalten sich folgendermaßen:

selbstständig erschienene Publikationen

Zusammenfassendes Schema zum Literaturverzeichnis

1. Selbstständig erschienene Publikationen

(ein oder mehrere Verfasser)
Schema:
Nachname, Vorname: Titel und Untertitel der Publikation. Erscheinungsort Erscheinungsjahr (möglicherweise Reihentitel).

Die Angaben zum Erscheinungsort und Erscheinungsjahr entnehmen Sie dem Impressum (auf der Rückseite des Titelblatts oder gelegentlich auf der letzten Seite) des Buches. Keine Angabe zum Erscheinungsort geben Sie mit »o. O.« (ohne Ortsangabe), keine Angabe zum Erscheinungsjahr mit »o. J.« (ohne Jahreszahl) wieder.
Beispiele:
Best, Otto F.: Handbuch literarischer Fachbegriffe. Definitionen und Beispiele. Überarbeitete und erweiterte Ausgabe. Frankfurt a. M. 1996.
Böhme, Hartmut, Peter Matussek, Lothar Müller: Orientierung Kulturwissenschaft. Was sie kann, was sie will. Reinbek b. Hamburg 2000.

Beispiel für einen Sammelband:
Wie international ist die Literaturwissenschaft? Methoden- und Theoriediskussion in den Literaturwissenschaften: Kulturelle Besonderheiten und interkultureller Austausch am Beispiel des Interpretationsproblems (1950–1990). Hg. v. Lutz Danneberg und Friedrich Vollhardt in Zusammenarbeit mit Hartmut Böhme und Jörg Schönert. Stuttgart, Weimar 1996.

unselbstständig erschienene Publikationen

2. Unselbstständig erschienene Publikationen

(Zeitschriftenbeiträge, Beiträge zu Sammelbänden)
Schema:
Verfasser: Titel, in: Titel der Zeitschrift Bandzahl/Heft- oder Nummernzahl (Jahrgang), Seitenzahl.
Beispiele:
Schönert, Jörg: Germanistik – eine Disziplin im Umbruch? Zur disziplinären Entwicklung der Germanistik in den neunziger Jahren (am Beispiel der germanistischen Literaturwissenschaft), in: Mitteilungen des Deutschen Germanistenverbandes 40/3 (1993), S. 15–24.
Crapanzano, Vincent: Das Dilemma des Hermes: Die verschleierte Unterwanderung der ethnographischen Beschreibung, in: Doris Bachmann-Medick (Hg.): Kultur als Text. Die anthropologische Wende in der Literaturwissenschaft. Frankfurt a. M. 1996, S. 161–188.
Eggert, Hartmut, Hans Christoph Berg, Michael Rutschky: Die im Text versteckten Schüler. Probleme einer Rezeptionsforschung in praktischer Absicht, in: Literatur und Leser. Hg. v. Gunter Grimm. Stuttgart 1975, S. 272–294.

5.6 Studienabschlüsse

Immanuel Kant schreibt in seiner *Kritik der reinen Vernunft*:

Alles Interesse meiner Vernunft (das spekulative sowohl, als das praktische) vereinigt sich in folgenden drei Fragen:
1. *Was kann ich wissen?*
2. *Was soll ich tun?*
3. *Was darf ich hoffen?* (B 833)

Lassen sich die ersten beiden Fragen mit Blick auf unser Thema ›Einführung in das Studium der Neueren deutschen Literaturwissenschaft‹ noch ziemlich klar und praktisch beantworten, so scheint die letzte Frage besonders beim Studieren in Krisenzeiten geradezu prädestiniert zu sein, Erwartungen zu wecken, die sich nur schwer befriedigen lassen. Was Sie als Student oder Studentin der Neueren deutschen Literaturwissenschaft berechtigterweise hoffen dürfen und hoffen können, lässt sich praxisorientiert in der Frage bündeln, ob Sie mit einem Examen in der Tasche später eine Anstellung finden werden. Die arbeitsmarktpolitischen Prognosen sind ebenso Schwankungen unterworfen wie die Beschäftigungsstatistiken der vergangenen Jahre. Wenn heute von politischer Seite geäußert wird, dass Deutschlehrer benötigt werden, vermag Ihnen niemand eine Garantie dafür zu geben, dass dieser Bedarf auch noch in sechs oder sieben Jahren bestehen wird. Man mag sich damit trösten, dass dieser Unwägbarkeit jede Generation unterworfen ist.

Das Studium der Neueren deutschen Literaturwissenschaft ist eingebettet in ein Germanistikstudium. Sie können dieses Studium mit zwei grundsätzlich verschiedenen Studienabschlüssen (Examina) beenden, entweder mit dem Staatsexamen oder mit dem BA-/MA-Examen. In der Regel müssen Sie sich bei der Einschreibung an Ihrer Universität bereits für einen dieser beiden Studienabschlüsse entscheiden, was nicht ausschließt, dass Sie im Laufe Ihres Studiums nochmals wechseln können. Für diesen Fall informieren Sie sich rechtzeitig bei der Studienberatung Ihrer Universität.

Die Examina werden in Ihren Haupt- und Nebenfächern durchgeführt. Im Hauptfach schreiben Sie eine wissenschaftliche Abschlussarbeit (Staatsexamensarbeit, Thesis oder Magisterarbeit), Sie durchlaufen mehrstündige Klausuren und werden mündlich geprüft.

Germanistik / Staatsexamen

– Germanistik / Staatsexamen studieren Sie, wenn Sie sich für eine spätere berufliche Tätigkeit im Lehramt an Gymnasien, an Realschulen, an Grund- und Hauptschulen oder an berufsbildenden Schulen (Gewerbelehramt) entscheiden wollen. Das Studium dauert – und diese Angaben sind selbstverständlich zu einem erheblichen Teil abhängig von ihrem individuellen ›Studientempo‹ – zwischen 10 und 12 Semestern (einschließlich eines Examenssemesters). Die Regelstudienzeit mit 8 Semestern ist in den allermeisten Fällen zu gering angesetzt. Das erste Staatsexamen, mit dem Sie die Hochschulausbildung abschließen, ist sehr prüfungsintensiv.

Germanistik / Magister

– Germanistik / Magister studieren Sie ohne ein fest definiertes Berufsbild. Sie erwerben im Studium allgemeine Kenntnisse der Wissensorganisation, Sie trainieren grundsätzliche kognitive Fähigkeiten, verbessern Ihre sprachlichen und schriftlichen Fertigkeiten. Das Studium dauert zwischen 10 und 12 Semestern. Mit einem Magister in Germanistik (und einem entsprechenden Beifach) können Sie prinzipiell qualifiziert sein für eine Tätigkeit im kulturellen Bereich. Jedoch setzt dieser Studienabschluss eine erhebliche berufliche Flexibilität voraus. Das Spektrum möglicher Beschäftigung reicht von fachadäquater beruflicher Tätigkeit bis hin zu völlig fachfremden Tätigkeiten, die lediglich ein abgeschlossenes Hochschulstudium voraussetzen. Dies umfasst beispielsweise Tätigkeiten im Bereich kultureller Praxis, bei Verlagen, bei Zeitungen, in der Kulturverwaltung, im Kulturmanagement, in der Industrie, in der öffentlichen Verwaltung, in Kirchen und Verbänden. Die Redaktion von Betriebszeitungen, Anstellungen beim Theater oder Fernsehen und Rundfunk, die Tätigkeit als Pressesprecher sind die Ausnahme. Doch selbst eine fachadäquate Tätigkeit wird sich niemals vollständig mit dem zur Deckung bringen lassen können, was Sie im Magisterstudium Germanistik gelernt haben.

Germanistik-BA/MA

– Der Modernisierungsschub und der Legitimationszwang im Fach Germanistik haben in den vergangenen Jahren dazu geführt, dass inzwischen von den meisten Universitäten ein BA/MA (Bachelor/Master) im Fach Germanistik oder Literaturwissenschaft angeboten wird. Dieses Studium ist sehr praxisorientiert, allerdings kann man auch hier noch nicht von einem klar definierten Berufsprofil sprechen, für welches das Studium ausbildet. Das BA/MA-Studienmodell beruht auf der Modularisierung der Lehreinheiten und ist ein konsekutiver Studiengang (BA, MA, Promotion). Die strikte Definition von einzelnen Modulen ist zwar zielorientiert, trägt aber auch maßgeblich zu einer ›Verschulung‹ des Studiums bei und bedeutet eine erhebliche Einschränkung der individuellen Studienfreiheit. Ein BA/MA-Abschluss soll die internationale Zertifizierbarkeit garantieren. Allerdings klaffen Anspruch und Wirklichkeit noch auseinander. Die Lehre erfolgt meist bilingual (englisch-deutsch). Ein BA/MA-Studiengang führt faktisch zu einer erheblichen Verkürzung der Studiendauer. In der Regel kann der Bachelor-Abschluss nach sechs, der Master-Abschluss nach weiteren vier Semestern abgelegt werden. Kontakte zum späteren Berufsfeld durch Praxisorientierung und Praktika während des Studiums können zu einer direkten Anstellung nach dem Examen führen. Die aktuellen Informationen über diese Entwicklung im Fach Germanistik erfahren Sie auf den Homepages der Universitäten.

Germanistik-Promotion
– Germanistik-Promotion ist nur nach einem Magister- oder Staatsexamen oder (neuerdings) einem Master-Examen möglich. Wenn Sie eine wissenschaftliche Laufbahn anstreben, ist eine herausragende Promotion unverzichtbar (unabhängig davon, ob sich die neu eingeführten Juniorprofessuren unter Verzicht auf die Habilitation bewähren werden oder es in der Germanistik bei der herkömmlichen zweiten Qualifikationshürde Habilitation bleibt). Ebenso ist für eine berufliche Karriere im außeruniversitären Bereich eine Promotion oftmals karrierefördernd. Dies kann sich dann bei der Bezahlung oder der Besetzung von Leitungsfunktionen niederschlagen.

Aufbaustudiengänge
– Unter den spezifisch germanistischen Aufbaustudiengängen sind vor allem hervorzuheben das viersemestrige Aufbaustudium Buchwissenschaft an der Universität München (*http://www.buchwissenschaft.uni-muenchen.de*) und das ebenfalls viersemestrige Aufbaustudium Editionswissenschaft an der Universität Osnabrück. Da in der augenblicklichen hochschul- und bildungspolitischen Situation sich auch bei den Studienbedingungen und Studienabschlüssen der Germanistik große Veränderungen vollziehen, sei hier nachdrücklich auf die jeweils aktuellen Darstellungen der Hochschulen im Internet verwiesen.

5.7 Weiterführende Leseliste

Wozu Literatur? Das klassische Diktum »aut delectare aut prodesse« (Literatur solle erfreuen und nützen), wie es Horaz in seiner *Ars poetica*, der *Epistula ad Pisones*, formulierte, hat nichts von seiner Aktualität verloren. Mehr denn je gilt heute, dass Literatur nicht nur einen Nutzen haben, sondern auch Spaß machen müsse. Die Ansicht der Aufklärung hingegen, Literatur habe die Funktion, den Verstand aufzuklären und das Herz zu verbessern, hat heute nur noch historischen Aussagewert. Die zentrale Frage für das Germanistikstudium heißt deshalb zunächst nicht: ›Was ist Literatur?‹, sondern: ›Was will Literatur?‹. Um sich einer Antwort auf diese Frage zu nähern ist es unumgänglich, in einer Art endoskopischem Verfahren die Texte der Literaturgeschichte einer genauen Lektüre zu unterziehen.

Die folgenden Empfehlungen ersetzen selbstverständlich keine Literaturgeschichte. Ihre Intention ist es, Ihnen für das literaturgeschichtliche Studium in einem ersten Zugriff wichtige Autoren und Texte zu benennen, um sie Ihrem Selbststudium zu empfehlen, damit Sie von hier aus in den detaillierteren literaturgeschichtlichen Darstellungen, die in der Bibliographie genannt sind, weiterzulesen ermutigt werden.

Eine Binsenweisheit ist es, dass Literaturwissenschaft das Gespräch über Texte erfordert. Wenn Dozenten und Studierende nicht mehr dieselben Texte lesen, ist ein Meinungsaustausch – nicht zu reden von der Vermittlung literaturgeschichtlichen Wissens – nicht mehr möglich. Insofern sollte man bei der Diskussion um Sinn oder Unsinn von Leselisten und um die Nachteile so genannter kanonisierter Literatur stets zugute halten, dass eine solche Leseliste oder ausgewählte Literatur eine beiden Seiten dienliche Lesegrundlage stiftet. In diesem Sinne kann ein Kanon als *minimale* Kommunikationsgrundlage verstanden werden. Der Wahlspruch der Aufklärung ›sapere aude‹, habe Mut, dich deines eigenen Verstandes zu bedienen, muss jetzt ergänzt werden, denn für das Studium mag nun gelten: ›legere aude‹, habe Mut zu lesen!

Weiterführende
Leseliste

FN

- 1494–1600
(Lateinische) Gedichte deutscher Humanisten (Auswahl)
- Sebastian Brant: *Das Narrenschiff* (1494)
Hans Sachs: *Meistergesänge, Fastnachtsspiele, Schwänke* (Auswahl)
Johann Fischart: *Geschichtklitterung* (1575)

Weiterführende
Leseliste

Barock

- 1600–1700
- Lyrik des 17. Jahrhunderts (u. a. Paul Fleming, Paul Gerhardt, Andreas Gryphius, Friedrich von Logau, Angelus Silesius)
- Martin Opitz: *Buch von der deutschen Poeterey* (1624)
- Hans Jacob Christoph von Grimmelshausen: *Der abenteuerliche Simplizissimus Teutsch* (1668/69)
Christian Weise: *Masaniello* (1682)

Aufklärung

- 1700–1800
Lyrik des 18. Jahrhunderts (u. a. Barthold Hinrich Brockes, Johann Christian Günther, Albrecht von Haller, Friedrich von Hagedorn, Johann Wilhelm Ludwig Gleim, Friedrich Gottlieb Klopstock, Johann Wolfgang Goethe, Jakob Michael Reinhold Lenz, Matthias Claudius, Gottfried August Bürger, Gedichte des Göttinger Hain, Friedrich Hölderlin)
- Johann Christoph Gottsched: *Versuch einer critischen Dichtkunst* (1730)
Christian Fürchtegott Gellert: *Leben der Schwedischen Gräfin von G**** (1747/48)
Johann Jakob Winckelmann: *Gedanken über die Nachahmung der griechischen Werke* (1755)
- Gotthold Ephraim Lessing: *Miß Sara Sampson* (1755), *Laokoon* (1766), *Minna von Barnhelm* (1767), *Hamburgische Dramaturgie* (1767/68), *Emilia Galotti* (1772), *Nathan der Weise* (1779)
Christoph Martin Wieland: *Geschichte des Agathon* (1766/67)
- Johann Wolfgang Goethe: *Götz von Berlichingen* (1773), *Die Leiden des jungen Werthers* (1774), *Iphigenie auf Tauris* (1787), *Unterhaltungen deutscher Ausgewanderten* (1795), *Wilhelm Meisters Lehrjahre* (1795/96)
Johann Gottfried Herder: *Von deutscher Art und Kunst* (1773)
- Jakob Michael Reinhold Lenz: *Der Hofmeister* (1774), *Die Soldaten* (1776)
Heinrich Leopold Wagner: *Die Kindermörderin* (1776)
Friedrich Maximilian Klinger: *Sturm und Drang* (1777)
- Friedrich Schiller: *Kabale und Liebe* (1784), *Über die ästhetische Erziehung des Menschen* (1795), *Wallenstein* (1798/99)
Immanuel Kant: *Was ist Aufklärung?* (1784)

Weiterführende Leseliste

Karl Philipp Moritz: *Anton Reiser* (1785/90)

Rudolph Zacharias Becker: *Noth- und Hülfs-Büchlein für Bauersleute* (1788)

Wilhelm Heinrich Wackenroder, Ludwig Tieck: *Herzensergießungen eines kunstliebenden Klosterbruders* (1796)

Jean Paul: *Siebenkäs* (1796/97)

Christian August Vulpius: *Rinaldo Rinaldini der Räuberhauptmann* (1797)

Friedrich Schlegel: *Athenäums*-Fragmente (1798/1800)

Novalis: *Blüthenstaub*-Fragmente (1798)

✗ Friedrich Schlegel: *Lucinde* (1799)

– 1800–1900

Lyrik des 19. Jahrhunderts (u. a. Schiller, Goethe, Achim von Arnim/Clemens Brentano: *Des Knaben Wunderhorn*, Gedichte der Romantik, Novalis, Joseph von Eichendorff, Wilhelm Müller, Heinrich Heine, Nikolaus Lenau, Georg Herwegh, Ludwig Uhland, Eduard Mörike, Gottfried Keller, Theodor Storm, Conrad Ferdinand Meyer, Stefan George)

✗ Friedrich Schiller: *Maria Stuart* (1800), *Die Jungfrau von Orleans* (1801), *Wilhelm Tell* (1804)

Novalis: *Hymnen an die Nacht* (1800), *Heinrich von Ofterdingen* (1802)

Bonaventura (August Klingemann): *Nachtwachen* (1804)

Jean Paul: *Flegeljahre* (1804/05), *Dr. Katzenbergers Badereise* (1809)

✗ Heinrich von Kleist: *Amphitryon* (1807), *Der zerbrochne Krug* (1808), *Michael Kohlhaas* (1810)

✗ Johann Wolfgang Goethe: *Faust I* und *II* (1808 und 1832), *Wahlverwandtschaften* (1809)

Friedrich de la Motte Fouqué: *Undine* (1811)

Jacob und Wilhelm Grimm: *Kinder- und Hausmärchen* (1812/15)

Adelbert von Chamisso: *Peter Schlemihls wundersame Geschichte* (1814)

✗ Ernst Theodor Amadeus Hoffmann: *Die Elixiere des Teufels* (1815/16), *Der Sandmann* (1817)

Clemens Brentano: *Geschichte vom braven Kasperl und dem schönen Annerl* (1817)

Franz Grillparzer: *Die Ahnfrau* (1817), *Der arme Spielmann* (1847)

✗ Joseph von Eichendorff: *Das Marmorbild* (1818), *Aus dem Leben eines Taugenichts* (1826)

Wilhelm Hauff: *Märchen* (1825/27)

Weiterführende Leseliste

Heinrich Heine: *Reisebilder* (1826/31), *Deutschland. Ein Wintermärchen* (1844)

Christian Dietrich Grabbe: *Scherz, Satire, Ironie und tiefere Bedeutung* (1827)

Georg Büchner: *Dantons Tod* (1835), *Woyzeck* (1836), *Lenz* (1839)

Johann Nestroy: *Einen Jux will er sich machen* (1842)

Jeremias Gotthelf: *Die schwarze Spinne* (1842)

Annette von Droste-Hülshoff: *Die Judenbuche* (1842)

Friedrich Hebbel: *Maria Magdalene* (1844)

Adalbert Stifter: *Bunte Steine* (1853)

Gottfried Keller: *Der grüne Heinrich* (1854/55)

Eduard Mörike: *Mozart auf der Reise nach Prag* (1855)

Otto Ludwig: *Zwischen Himmel und Erde* (1856)

Wilhelm Raabe: *Der Hungerpastor* (1863/64), *Stopfkuchen* (1891)

Friedrich Nietzsche: *Also sprach Zarathustra* (1883/85)

Theodor Fontane: *Irrungen, Wirrungen* (1887), *Effi Briest* (1894/ 95)

Theodor Storm: *Der Schimmelreiter* (1888)

Gerhart Hauptmann: *Bahnwärter Thiel* (1888), *Die Weber* (1892)

Arno Holz/Johannes Schlaf: *Papa Hamlet* (1889)

Frank Wedekind: *Frühlings Erwachen* (1891), *Lulu* (1895)

– 1900–2000

Lyrik des 20. Jahrhunderts (u. a. Rainer Maria Rilke, Christian Morgenstern, Dada-Gedichte, expressionistische Lyrik, Kurt Schwitters, Bertolt Brecht, Hermann Hesse, Erich Kästner, Gottfried Benn, Günter Eich, Paul Celan, Erich Fried, Ernst Jandl, Ingeborg Bachmann, Rolf Dieter Brinkmann, Hans Magnus Enzensberger, Volker Braun, Friederike Mayröcker, Thomas Kling)

Arthur Schnitzler: *Reigen* (1900), *Leutnant Gustl* (1900)

Thomas Mann: *Buddenbrooks* (1901), *Der Tod in Venedig* (1912), *Der Zauberberg* (1924), *Bekenntnisse des Hochstaplers Felix Krull* (1954)

Hugo von Hofmannsthal: *Ein Brief* (1902), *Jedermann* (1911)

Heinrich Mann: *Professor Unrat* (1905), *Der Untertan* (1914/18)

Robert Musil: *Die Verwirrungen des Zöglings Törleß* (1906), *Der Mann ohne Eigenschaften* (1930/32)

Robert Walser: *Jakob von Gunten* (1909)

Rainer Maria Rilke: *Die Aufzeichnungen des Malte Laurids Brigge* (1910)

Carl Einstein: *Bebuquin* (1912)

Franz Kafka: *Die Verwandlung* (1915), *Der Prozeß* (1925), *Das Schloß* (1926)

Weiterführende Leseliste

Gottfried Benn: *Gehirne* (1916)
Ernst Jünger: *In Stahlgewittern* (1920)
Ernst Toller: *Masse Mensch* (1920)
ʌ Hermann Hesse: *Der Steppenwolf* (1927)
ʌ Bertolt Brecht: *Die Dreigroschenoper* (1928), *Mutter Courage und ihre Kinder* (1941), *Der gute Mensch von Sezuan* (1943), *Leben des Galilei* (1943), *Der kaukasische Kreidekreis* (1948)
Alfred Döblin: *Berlin Alexanderplatz* (1929), *November 1918* (1939/50)
Carl Zuckmayer: *Der Hauptmann von Köpenick* (1930)
Ödön von Horváth: *Geschichten aus dem Wiener Wald* (1931)
Anna Seghers: *Das siebte Kreuz* (1942)
Hermann Broch: *Der Tod des Vergil* (1945)
Wolfgang Borchert: *Draußen vor der Tür* (1947)
Hermann Kasack: *Die Stadt hinter dem Strom* (1947)
Wolfgang Koeppen: *Tauben im Gras* (1951), *Das Treibhaus* (1953)
✗ Max Frisch: *Stiller* (1954), *Homo faber* (1957), *Biedermann und die Brandstifter* (1958), *Mein Name sei Gantenbein* (1964)
✗ Günter Grass: *Die Blechtrommel* (1959)
Arno Schmidt: *KAFF auch Mare Crisium* (1960)
✗ Friedrich Dürrenmatt: *Die Physiker* (1962)
✗ Heinrich Böll: *Ansichten eines Clowns* (1963), *Gruppenbild mit Dame* (1971), *Die verlorene Ehre der Katharina Blum* (1974)
Günter Eich: *Maulwürfe* (1968)
Siegfried Lenz: *Deutschstunde* (1968)
Uwe Johnson: *Jahrestage* (1970/83)
Ingeborg Bachmann: *Malina* (1971)
Peter Weiss: *Die Ästhetik des Widerstands* (1975/81)
Peter Handke: *Publikumsbeschimpfung* (1966), *Der kurze Brief zum langen Abschied* (1972)
Verena Stefan: *Häutungen* (1975)
Thomas Bernhard: *Der Präsident* (1975), *Der Stimmenimitator* (1975), *Auslöschung* (1986), *Heldenplatz* (1989)
✗ Christa Wolf: *Kassandra* (1983)
ʌ Patrick Süßkind: *Das Parfum* (1984)
✗ Elfriede Jelinek: *Die Klavierspielerin* (1983), *Lust* (1989)
Friederike Mayröcker: *brütt oder Die seufzenden Gärten* (1998)
Sprechen Sie mit Ihren Dozenten über weitere Gegenwartsliteratur.

5.8 Ein paar persönliche Tipps

1. Ihre Dozenten betreffend:

Sprechstundenangebot — Sprechen Sie mit Ihrem Dozenten/Ihrer Dozentin über individuelle Gewohnheiten und Erwartungen. Jeder Professor und jede Professorin hat andere Vorstellungen davon, wie eine wissenschaftliche Hausarbeit gestaltet sein sollte. Nutzen Sie deshalb das Sprechstundenangebot. Suchen Sie von Beginn Ihres Studiums an das Gespräch mit Ihrem Dozenten. Zu wissen, was genau erwartet wird, fördert die Eigenständigkeit, das selbstständige Arbeiten, denn es markiert deutlich die Freiräume Ihrer eigenen Interessen.

Studienberatung — Nutzen Sie die Studienberatung. Dozenten und Dozentinnen sind verpflichtet, Sie sorgfältig und umfassend zu beraten. Auch ein für Sie persönlich bitterer oder gar enttäuschender Ratschlag sollte von Ihnen zumindest überdacht werden.

Examen — Sind Sie mit einem Dozenten unzufrieden (wegen mangelnder Betreuung, wegen pädagogisch-didaktischem Ungeschick, wegen Monotonie der angebotenen Lehrveranstaltungen oder anderem), dann gehen Sie zu einem anderen. Ein Wechsel ist kein Verrat. Und bevor Sie sich zum Examen anmelden, sollten Sie sich sicher sein, welcher Professor oder welche Professorin Sie durchs Examen führen soll.

Betreuung — Der Aufgabenbereich der Professoren erstreckt sich zu in der Regel gleichen Teilen auf Lehre, Forschung und akademische Selbstverwaltung. Beurteilen Sie die Qualitäten Ihrer Professoren auch nach dieser Aufgabendreiteilung. Dennoch gilt, Sie haben ein Recht auf umfassende Betreuung von Hausarbeiten und Examensarbeiten und auf ausreichende Sprechstundenzeiten.

2. Die Arbeitsformen betreffend:

Hausarbeit — Bedenken Sie bei jeder Hausarbeit: Ihre Arbeit benötigt eine Leitthese oder leitende Fragestellung und eine methodische Lösung.

Merk- oder Formblätter

– Achten Sie auf die Merk- oder Formblätter zum Studium sowie zur Abfassung schriftlicher Hausarbeiten (und Examensarbeiten) in Ihrem Institut. Das schließt natürlich die Studien- und Prüfungsordnungen sowie etwaige Leselisten mit ein.

Fernleihen

– Kümmern Sie sich rechtzeitig darum, wie man Fernleihen aufgibt, womit Bücher, Aufsätze und Artikel aus anderen Bibliotheken über Ihre Heimatuniversität ausgeliehen werden können. Keine Universität in der Bundesrepublik ist so gut ausgestattet, dass sie innerhalb kürzester Zeit die Standardliteratur dauerhaft zur Verfügung stellen könnte. Leider ist das Gegenteil richtig, die Lage in den meisten Universitäts- und Institutsbibliotheken ist so desolat, dass kaum mehr aktuelle wissenschaftliche Literatur beschafft werden kann. Dies sagt nichts über die Qualität der Universität aus, an der Sie studieren, aber sehr viel über den Stellenwert des Bildungsguts Literatur in öffentlichen Haushalten. Denken Sie daran, dass es auch bei den Fernleihen Stoßzeiten geben kann (Ferienzeiten, Feiertage). Haben Sie Mut, als Erstsemester eine Fernleihe aufzugeben. Je früher Sie wissen, wie dies verwaltungstechnisch geht, desto routinierter werden Sie. Haben Sie im Laufe Ihres Studiums keine einzige Fernleihe aufgegeben, dann haben Sie etwas falsch gemacht. Am Ende des Studiums diese Erkenntnis zu gewinnen, ist zu spät. Speziell für Hausarbeiten und Examensarbeiten gilt: Kümmern Sie sich rechtzeitig um die benötigte Forschungsliteratur, damit Ihnen am Ende nicht die Zeit davonläuft. Jeder Dozent kennt zwar das Argument, wenn Studierende um eine Terminverlängerung zur Abgabe der Hausarbeit bitten, die Fernleihe sei immer noch nicht eingetroffen oder die Forschungsliteratur an andere ausgeliehen, doch kaum einer wird dies ernsthaft akzeptieren. Halten Sie deshalb Abgabetermine – sofern Sie welche mit Ihren Dozenten abgesprochen haben – für Ihre Hausarbeiten ein.

Rechtschreibduden

– In eine studentische Bibliothek gehört beizeiten auch die jüngste Auflage des Rechtschreibdudens.

3. Das Lesen betreffend:

Zeitschriften — Blättern Sie regelmäßig in aktuellen germanistischen Zeitschriften. Sie können dies rein konsumptiv (analog zur Zeitschriftenlektüre beim Arzt) oder kritisch (für eine wissenschaftliche Auswertung) tun. Entscheidend ist, dass Sie sich für Namen, Themen und Inhalte interessieren.

Bücherkataloge — Sammeln Sie selbst Bücherkataloge. Informieren Sie sich über die einschlägige Produktion der Wissenschaftsverlage, vor allem von: Erich Schmidt, de Gruyter, Fink, Francke, Metzler, Niemeyer, Reclam, UTB, Vandenhoeck & Ruprecht, Wissenschaftliche Buchgesellschaft und anderen.

moderne Antiquariate — Durchstreifen Sie, wo immer Sie können, moderne Antiquariate. Hier finden Sie oft äußerst preiswert Primär- und

Zitierfähigkeit Sekundärliteratur, die noch keineswegs veraltet sein muss, sondern lediglich aus ökonomischen Gründen von den Verlagen verramscht wird. Bei herkömmlichen Antiquariaten, die tatsächlich ›alte‹ Literatur verkaufen, muss man aufpassen, zu welchem Zweck alte Ausgaben angeschafft werden sollen. Dienen sie der privaten Lektüre oder der Sammelleidenschaft, so ist dies ebenso respektabel wie jedes andere Hobby auch. Seien Sie aber aufmerksam, wenn Sie für Ihr Studium oder gar für eine wissenschaftliche Arbeit Textausgaben von Autoren/Autorinnen antiquarisch anschaffen wollen, achten Sie dabei stets auf die Zitierfähigkeit der Ausgabe: Sie muss dem neuesten Stand der Editionswissenschaft entsprechen, die Textkonstitution darf nicht korrupt sein oder aber – dies hängt oft von den Gepflogenheiten an Ihrem Institut oder von Ihren Dozenten ab – die Textausgabe muss bereits die neue Rechtschreibung berücksichtigen. In den meisten Fällen sind alte Textausgaben im wissenschaftlichen Kontext nicht zitierfähig. Wenn Sie sich unsicher sind, klären Sie dies mit Ihrem Professor.

4. Grundsätzliches betreffend:

Lesen — Um Germanistik zu studieren reicht es nicht, lesen und schreiben zu können. Lektüre kann Ihnen niemand abnehmen. Lesen ist ein einsames Geschäft. Nutzen Sie deshalb jede Gelegenheit zum Gespräch über Texte.

– Es ist nicht wichtig alle Texte eines Autors gelesen zu haben (wenn Sie nicht gerade eine Doktorarbeit über diesen Autor schreiben), aber umfassend studieren Sie, wenn Sie neben wichtigen auch unwichtige, neben gefeierten guten auch ignorierte schlechte oder bejubelte schlechte und vergessene gute Autoren gelesen haben.

– Lesen muss Spaß machen. Aristoteles spricht in der *Metaphysik* von der libido sciendi, das kann man moderat mit der Neugier auf Wissen, wörtlich aber auch mit dem Trieb zum Wissenwollen wiedergeben. Wer studiert, sollte keine Scheu haben, sich zu diesem ›Trieb‹ zu bekennen.

– Vorlesungsfrei heißt nicht lesefrei. Deshalb: Lesen Sie, lesen Sie, lesen Sie.

– Der junge Goethe schrieb am 9.11.1768 an seinen Leipziger Zeichenlehrer Oeser: »Lehre tuht [!] viel, aber Aufmunterung tuht alles.«[13]

– In diesem Sinn: Glück auf!

13 Goethe: Briefe, Bd. 1, S. 77f.

6 Bibliographie nach Sachgebieten

6.1 Grundlagen des Fachs

Grundlagen des Fachs

Arbeitsbuch: Literaturwissenschaft. Hg. v. Thomas Eicher und Volker Wiemann. 2., durchgesehene Aufl. Paderborn, München, Wien, Zürich 1997

Baasner, Rainer / Zens, Maria: Methoden und Modelle der Literaturwissenschaft. Eine Einführung. 2., überarbeitete und erweiterte Aufl. Berlin 2001

Bachmann-Medick, Doris (Hg.): Kultur als Text. Die anthropologische Wende in der Literaturwissenschaft. Frankfurt a. M. 1996

Barner, Wilfried / König, Christoph (Hg.): Zeiten Wechsel. Germanistische Literaturwissenschaft vor und nach 1945. Frankfurt a. M. 1996

Bauer, Karl W. (Hg.): Grundkurs Literatur- und Medienwissenschaft. Primarstufe. München 1992

Berufsbezogen studieren. Neue Studiengänge in den Literatur-, Kultur- und Medienwissenschaften. Hg. v. Günter Blamberger, Hermann Glaser und Ulrich Glaser. München 1993

Best, Otto F.: Handbuch literarischer Fachbegriffe. Definitionen und Beispiele. Überarbeitete und erweiterte Ausgabe. Frankfurt a. M. 1996

Bibliographie der deutschen Sprach- und Literaturwissenschaft. Begründet v. Hanns W. Eppelsheimer, fortgeführt v. Clemens Köttelwesch, hg. v. Bernhard Koßmann. Frankfurt a. M. Bd. 1ff. 1971ff.

Blinn, Hansjürgen: Informationshandbuch Deutsche Literaturwissenschaft. 4., völlig neu bearbeitete und stark erweiterte Ausgabe. Mit Internet- und CD-ROM-Recherche. Frankfurt a. M. 2001

Böhme, Hartmut / Matussek, Peter / Müller, Lothar: Orientierung Kulturwissenschaft. Was sie kann, was sie will. Reinbek b. Hamburg 2000

Bosse, Heinrich / Renner, Ursula (Hg.): Literaturwissenschaft. Einführung in ein Sprachspiel. Freiburg i. Br. 1999

Brackert, Helmut / Stückrath, Jörn (Hg.): Literaturwissenschaft. Ein Grundkurs. Reinbek b. Hamburg 1992

Brenner, Peter J. (Hg.): Geist, Geld und Wissenschaft. Arbeits- und Darstellungsformen von Literaturwissenschaft. Frankfurt a. M. 1993

Grundlagen des Fachs

Brenner, Peter J.: Das Problem der Interpretation. Eine Einführung in die Grundlagen der Literaturwissenschaft. Tübingen 1998

Brenner, Peter J.: Was ist Literatur?, in: Literaturwissenschaft – Kulturwissenschaft. Positionen, Themen, Perspektiven. Hg. v. Renate Glaser und Matthias Luserke. Opladen 1996, S. 11–47

Bußmann, Hadumod / Hof, Renate (Hg.): Genus. Zur Geschlechterdifferenz in den Kulturwissenschaften. Stuttgart 1995

Christmann, Hans Helmut (Hg.): Sprachwissenschaft im 19. Jahrhundert. Darmstadt 1977

Cramer, Thomas / Wenzel, Horst (Hg.): Literaturwissenschaft und Literaturgeschichte. München 1975

Dainat, Holger: Deutsche Literaturwissenschaft zwischen den Weltkriegen, in: Zeitschrift für Germanistik 3 (1991), S. 600–608

Danneberg, Lutz / Vollhardt, Friedrich (Hg.): Vom Umgang mit Literatur und Literaturgeschichte. Positionen und Perspektiven nach der ›Theoriedebatte‹. Stuttgart 1992

Deutsche Dichter. Leben und Werk deutschsprachiger Autoren. Hg. v. Gunter E. Grimm und Frank Rainer Max. Bd. 1–8. Stuttgart 1991–1994

Deutsches Literatur-Lexikon. Biographisch-bibliographisches Handbuch. Begründet v. Wilhelm Kosch. Hg. v. Heinz Rupp und Carl Ludwig Lang. 3., völlig neu bearbeitete Aufl. Bern 1999 [1. Aufl. 1966]

Dürscheid, Christa / Kircher, Hartmut / Sowinski, Bernhard: Germanistik. Eine Einführung. 2., durchgesehene Aufl. Köln 1995

Eine Wissenschaft etabliert sich 1810–1870. Mit einer Einführung hg. v. Johannes Janota. Tübingen 1980 (= Texte zur Wissenschaftsgeschichte der Germanistik III)

Erkenntnis der Literatur. Theorien, Konzepte, Methoden der Literaturwissenschaft. Hg. v. Dietrich Harth und Peter Gebhardt. Stuttgart 1989

Faulstich, Werner: Medientheorien. Einführung und Überblick. Göttingen 1991

Fohrmann, Jürgen / Müller, Harro (Hg.): Diskurstheorien und Literaturwissenschaft. Frankfurt a. M. 1988

Fohrmann, Jürgen / Voßkamp, Wilhelm (Hg.): Wissenschaft und Nation. Studien zur Entstehungsgeschichte der deutschen Literaturwissenschaft. München 1991

Fohrmann, Jürgen / Voßkamp, Wilhelm (Hg.): Wissenschaftsgeschichte der Germanistik im 19. Jahrhundert. Stuttgart, Weimar 1994

Fohrmann, Jürgen: Das Projekt der deutschen Literaturgeschichte. Entstehung und Scheitern einer nationalen Poesiegeschichtsschreibung zwischen Humanismus und Deutschem Kaiserreich. Stuttgart 1989

Grundlagen des Fachs Förster, Jürgen / Neuland, Eva / Rupp, Gerhard (Hg.): Wozu noch Germanistik? Wissenschaft, Beruf, Kulturelle Praxis. Stuttgart 1989

Frank, Horst Joachim: Handbuch der deutschen Strophenformen. München, Wien 1980

Franke, Wilhelm: Einführung in die Sprachwissenschaft in 100 Fragen und Antworten. Hamburg 1996

Fricke, Harald / Zymner, Rüdiger: Einübung in die Literaturwissenschaft. Parodieren geht über Studieren. 4., korrigierte Aufl. Paderborn u. a. 2000

Gärtner, Marcus: Kontinuität und Wandel in der neueren deutschen Literaturwissenschaft nach 1945. Bielefeld 1997

Gesamtverzeichnis des deutschsprachigen Schrifttums (GV) 1700–1910. Bearbeitet unter der Leitung v. Peter Geils und Willi Gorzny. 160 Bde., 1 Nachtragsbd. München 1979–1987

Gesamtverzeichnis des deutschsprachigen Schrifttums (GV) 1911–1965. Hg. v. Reinhard Oberschelp. 150 Bde. München 1976–1981

Goedeke, Karl: Grundriß zur Geschichte der deutschen Dichtung. Aus den Quellen. 2. bzw. 3., ganz neu bearbeitete Auflage 15 in 22 Bänden. Dresden, Berlin 1884–1966. Nachdruck 1975. Bd. 16ff. Berlin 1985ff.

Greenblatt, Stephen: Verhandlungen mit Shakespeare. Innenansichten der englischen Renaissance. Berlin 1990

Griesheimer, Frank / Prinz, Alois (Hg.): Wozu Literaturwissenschaft? Tübingen 1991

Gross, Harro: Einführung in die germanistische Linguistik. 2. Aufl. München 1990

Grübel, Rainer Georg / Grüttemeier, Ralf / Lethen, Helmut: BA-Studium Literaturwissenschaft. Ein Lehrbuch. Reinbek b. Hamburg 2005

Grund, Uwe / Heinen, Armin: Wie benutze ich eine Bibliothek? Basiswissen – Strategien – Hilfsmittel. 2., überarbeitete Aufl. München 1996

Grundlagen der Literaturwissenschaft. Exemplarische Texte. Hg. v. Bernhard J. Dotzler in Zusammenarbeit mit Pamela Moucha. Köln, Weimar, Wien 1999

Grundzüge der Literaturwissenschaft. Hg. v. Heinz Ludwig Arnold und Heinrich Detering. München 1996

Gutzen, Dieter / Oellers, Norbert / Petersen, Jürgen H. / Wagner-Egelhaaf, Martina: Einführung in die neuere deutsche Literaturwissenschaft. Ein Arbeitsbuch. Unter Mitarbeit von Dieter Gutzen. 7., vollständig überarbeitete Aufl. Berlin 2006

Handbuch Lesen. Hg. v. Bodo Franzmann, Klaus Hasemann, Dietrich Löffler, Erich Schön. München 1999

Grundlagen des Fachs

Hansen, Klaus P.: Kultur und Kulturwissenschaft. Eine Einführung. 2., vollständig überarbeitete und erweiterte Aufl. Tübingen, Basel 2000

Hartman, Geoffrey: Das beredte Schweigen der Literatur. Über das Unbehagen an der Kultur. Frankfurt a. M. 2000

Hawthorn, Jeremy: Grundbegriffe moderner Literaturtheorie. Ein Handbuch. Übersetzt v. Waltraud Kolb. Tübingen, Basel 1994

Hermand, Jost: Geschichte der Germanistik. Reinbek b. Hamburg 1994

Hirschberg, Leopold: Der Taschengoedeke. Bibliographie deutscher Erstausgaben. 2. Aufl. München 1990

Hohendahl, Peter Uwe (Hg.): Sozialgeschichte und Wirkungsästhetik. Dokumente zur empirischen und marxistischen Rezeptionsforschung. Frankfurt a. M. 1974

Hüppauf, Bernd (Hg.): Literaturgeschichte zwischen Revolution und Reaktion 1830–1871. Frankfurt a. M. 1972

Ingendahl, Werner: Sprachliche Bildung im kulturellen Kontext. Einführung in die kulturwissenschaftliche Germanistik. Opladen 1991

Jäger, Georg / Schönert, Jörg (Hg.): Wissenschaft und Berufspraxis. Angewandtes Wissen und praxisorientierte Studiengänge in den Sprach-, Literatur-, Kultur- und Medienwissenschaften. Paderborn 1997

Jäger, Ludwig (Hg.): Germanistik. Disziplinäre Identität und kulturelle Leistung. Weinheim 1995

Jakobs, Eva-Maria / Knorr, Dagmar / Pogner, Karl-Heinz (Hg.): Textproduktion. HyperText, Text, KonText. Frankfurt a. M. 1999

Janota, Johannes (Hg.): Kultureller Wandel und die Germanistik in der Bundesrepublik. Vorträge des Augsburger Germanistentags 1991. 4 Bde. Tübingen 1993

Kanzog, Klaus: Einführung in die Editionsphilologie der neueren deutschen Literatur. Berlin 1991

Kemper, Raimund: Vom ›Reichslehrstand‹ zur ›Akzeptanzwissenschaft‹. Die Germanistik zwischen ›Ahnenerbe‹ und ›Sinnstiftung‹, in: Norbert Oellers (Hg.): Germanistik und Deutschunterricht im Zeitalter der Technologie, Selbstbestimmung und Anpassung. Tübingen 1988, Bd. 2, S. 129–166

Kirschner, Jürgen: Fischer Handbuch Theater, Film, Funk und Fernsehen. Frankfurt a. M. 1997

Kloock, Daniela / Angela Spahr: Medientheorien. Eine Einführung. München 1997

Koch, Hans-Albrecht: Neuere deutsche Literaturwissenschaft. Eine praxisorientierte Einführung für Anfänger. Darmstadt 1997

Kolbe, Jürgen (Hg.): Ansichten einer künftigen Germanistik. München 1973 [1. Aufl. 1969]

Grundlagen des Fachs

Kolk, Rainer: Wahrheit – Methode – Charakter. Zur wissenschaftlichen Ethik der Germanistik im 19. Jahrhundert, in: Internationales Archiv für Sozialgeschichte der deutschen Literatur 14 (1989), S. 50–73

König, Christoph / Lämmert, Eberhard (Hg.): Literaturwissenschaft und Geistesgeschichte 1910 bis 1925. Frankfurt a. M. 1993

Kraft, Herbert: Editionsphilologie. Darmstadt 1990

Kraft, Herbert: Historisch-kritische Literaturwissenschaft. Münster 1999

Kürschner, Wilfried: Taschenbuch Linguistik. Ein Studienbegleiter für Germanisten. Berlin 1994.

Lausberg, Heinrich: Elemente der literarischen Rhetorik. Eine Einführung für Studierende der klassischen, romanischen, englischen und deutschen Philologie. 10. Aufl. Ismaning 1990

Lindhoff, Lena: Einführung in die feministische Literaturtheorie. Stuttgart, Weimar 1995

Literatur Lexikon. Autoren und Werke in deutscher Sprache. Hg. v. Walther Killy. 15 Bde. München 1988–1993

Literatur und Kulturwissenschaften. Positionen, Theorien, Modelle. Hg. v. Hartmut Böhme und Klaus R. Scherpe. Reinbek b. Hamburg 1996

Literaturwissenschaftliches Lexikon. Grundbegriffe der Germanistik. Hg. v. Horst Brunner und Rainer Moritz. Berlin 1997

Luserke, Matthias: Kultur, Literatur, Medien. Aspekte einer verwickelten Beziehung, in: Literaturwissenschaft – Kulturwissenschaft. Positionen, Themen, Perspektiven. Hg. v. Renate Glaser und Matthias Luserke. Opladen 1996, S. 169–191

Luserke, Matthias: Literaturwissenschaft als Kulturwissenschaft. Vorüberlegungen zu einer Kulturgeschichte der Literatur, in: Ralph Köhnen (Hg.): Wege zur Kultur. Perspektiven für einen integrativen Deutschunterricht. Frankfurt a. M., Berlin, Bern 1998, S. 63–82

Luserke, Matthias: Literaturwissenschaftliche Gesellschaften. Eine Problemskizze, in: Peter J. Brenner (Hg.): Geist, Geld und Wissenschaft. Arbeits- und Darstellungsformen von Literaturwissenschaft. Frankfurt a. M. 1993, S. 299–317

Metzler Autoren Lexikon. Deutschsprachige Dichter und Schriftsteller vom Mittelalter bis zur Gegenwart. 3., aktualisierte und erweiterte Aufl. Hg. v. Bernd Lutz und Benedikt Jeßing. Stuttgart, Weimar 2004

Metzler Lexikon Literatur- und Kulturtheorie. Ansätze – Personen – Grundbegriffe. Hg. v. Ansgar Nünning. 2., überarbeitete und erweiterte Aufl. Stuttgart 2001

Metzler Literatur Lexikon. Begriffe und Definitionen. Hg. v. Günther und Irmgard Schweikle. 2., überarbeitete Aufl. Stuttgart 1990

Grundlagen des Fachs

Müller, Jörg Jochen (Hg.): Germanistik und deutsche Nation 1806–1848. Stuttgart 1974

Nünning, Ansgar (Hg.): Grundbegriffe der Kulturtheorie und Kulturwissenschaften. Stuttgart, Weimar 2005

Ottmers, Clemens: Rhetorik. Stuttgart, Weimar 1996

Paul, Hermann: Geschichte der germanischen Philologie, in: Ders. (Hg.): Grundriß der germanischen Philologie. Straßburg 1901, Bd. 1, S. 9–158

Pinkerneil, Beate: Literaturwissenschaft seit 1967, in: Dieter Kimpel, Beate Pinkerneil (Hg.): Methodische Praxis der Literaturwissenschaft. Kronberg 1975, S. 1–84

Plachta, Bodo: Editionswissenschaft. Eine Einführung in Methode und Praxis der Edition neuerer Texte. Stuttgart 1997

Raabe, Paul: Einführung in die Bücherkunde zur deutschen Literaturwissenschaft. 11., vollständig neu bearbeitete Aufl. Stuttgart 1994 [1. Aufl. 1960]

Raabe, Paul'/ Ruppelt, Georg: Quellenrepertorium zur neueren deutschen Literaturgeschichte. 3., vollständig neu bearbeitete Aufl. Stuttgart 1981

Rambaldo, Hartmut: Index zu Goedeke, Grundriß zur Geschichte der deutschen Dichtung. Nendeln 1975

Reallexikon der deutschen Literaturwissenschaft. Neubearbeitung des Reallexikons der deutschen Literaturgeschichte. Bd. 1 [A-G] gemeinsam mit Harald Fricke, Klaus Grubmüller und Jan-Dirk Müller hg. v. Klaus Weimar. Berlin, New York 1997; Bd. 2 [H-O] gemeinsam mit Georg Braungart, Jan-Dirk Müller, Friedrich Vollhardt und Klaus Weimar hg. v. Harald Fricke. Berlin, New York 2000; Bd. 3 [P-Z] gemeinsam mit Georg Braungart, Harald Fricke, Klaus Grobmüller, Friedrich Vollhardt und Klaus Weimar hg. v. Jan-Dirk Müller. Berlin, New York 2003

Reiß, Gunter (Hg.): Materialien zur Ideologiegeschichte der deutschen Literaturwissenschaft. 2 Bde. Tübingen 1973

Renz, Peter: Sprach- und Literaturwissenschaft in der Bundesrepublik Deutschland und in der DDR. Erlangen 1981

Rompeltien, Bärbel: Germanistik als Wissenschaft. Zur Ausdifferenzierung und Integration einer Fachdisziplin. Opladen 1994

Sauder, Gerhard: Fachgeschichte und Standortbestimmung, in: Erkenntnis der Literatur. Theorien, Konzepte, Methoden der Literaturwissenschaft. Hg. v. Dietrich Harth und Peter Gebhardt. Stuttgart 1989 u. ö., S. 321–343

Schäfer, Rudolf (Hg.): Germanistik und Deutschunterricht. Zur Einheit von Fachwissenschaft und Fachdidaktik. München 1979

Schlaffer, Heinz: Poesie und Wissen. Die Entstehung des ästhetischen Bewußtseins und der philologischen Erkenntnis. Frankfurt a. M. 1990

Grundlagen des Fachs

Schnell, Ralf: Germanistik. Was sie kann, was sie will. Reinbek b. Hamburg 2000

Schönert, Jörg: Germanistik – eine Disziplin im Umbruch? Zur disziplinären Entwicklung der Germanistik in den neunziger Jahren (am Beispiel der germanistischen Literaturwissenschaft), in: Mitteilungen des Deutschen Germanistenverbandes 40/3 (1993), S. 15–24

Schönert, Jörg: Literaturwissenschaft – Kulturwissenschaft – Medienkulturwissenschaft: Probleme der Wissenschaftsentwicklung, in: Literaturwissenschaft – Kulturwissenschaft. Positionen, Themen, Perspektiven. Hg. v. Renate Glaser und Matthias Luserke. Opladen 1996, S. 192–208

Schönert, Jörg: Neuere theoretische Konzepte in der Literaturgeschichtsschreibung, in: Thomas Cramer (Hg.): Literatur und Sprache im historischen Prozeß. Tübingen 1983, Bd. 1, S. 91–120

Schönert, Jörg: The Reception of Sociological Theory by West German Literary Scholarship, 1970–85, in: New Ways in Germanistik. Ed. by Richard Sheppard. New York, Oxford, Munich 1990, S. 71–94

Schönherr, Hartmut / Tiedemann, Paul: Internet für Germanisten. Eine praxisorientierte Einführung. Darmstadt 1999

Schöttker, Detlev (Hg.): Von der Stimme zum Internet. Texte aus der Geschichte der Medienanalyse. Göttingen 1999

Schrey, Gisela: Literaturästhetik der Psychoanalyse und ihre Rezeption in der deutschen Germanistik vor 1933. Frankfurt a. M. 1975

Schulte-Sasse, Jochen / Werner, Renate: Einführung in die Literaturwissenschaft. München 1997 [1. Aufl. 1977]

Schultz, Franz: Die Entwicklung der Literaturwissenschaft von Herder bis Wilhelm Scherer, in: Emil Ermatinger (Hg.): Philosophie der Literaturwissenschaft. Berlin 1930, S. 2–42

Stephan, Inge / Weigel, Sigrid (Hg.): Feministische Literaturwissenschaft. Berlin 1984

Sternsdorff, Jürgen: Wissenschaftskonstitution und Reichsgründung. Frankfurt a. M. 1979

Stötzel, Georg: Germanistik. Forschungsstand und Perspektiven. Berlin 1985

Strelka, Joseph P.: Einführung in die literarische Textanalyse. Tübingen 1989

Urban, Bernd / Kudzus, Winfried: Psychoanalytische und psychopathologische Literaturinterpretation. Darmstadt 1981

Viëtor, Karl: Deutsche Literaturgeschichte als Geistesgeschichte. Ein Rückblick, in: Publications of the Modern Language Association 60 (1945), S. 899–916

Vogt, Jochen: Einladung zur Literaturwissenschaft. München 1999

Grundlagen des Fachs

Vom Umgang mit Literatur und Literaturgeschichte. Positionen und Perspektiven nach der ›Theoriedebatte‹. Hg. v. Lutz Danneberg und Friedrich Vollhardt in Zusammenarbeit mit Hartmut Böhme und Jörg Schönert. Stuttgart 1992

Voßkamp, Wilhelm: Kontinuität und Diskontinuität. Zur deutschen Literaturwissenschaft im Dritten Reich, in: Peter Lundgreen (Hg.): Wissenschaft im Dritten Reich. Frankfurt a. M. 1985, S. 140–162

Voßkamp, Wilhelm: Literaturwissenschaft als Geisteswissenschaft. Thesen zur Geschichte der deutschen Literaturwissenschaft nach dem Zweiten Weltkrieg, in: Die sog. Geisteswissenschaften: Innenansichten. Hg. v. Wolfgang Prinz und Peter Weingart. Frankfurt a. M. 1990, S. 240–247

Weddige, Hilkert: Einführung in die germanistische Mediävistik. 3., durchgesehene und ergänzte Aufl. München 1997

Weimar, Klaus: Enzyklopädie der Literaturwissenschaft. München 1980

Weimar, Klaus: Geschichte der deutschen Literaturwissenschaft bis zum Ende des 19. Jahrhunderts. München 1989

Weimar, Klaus: Über das derzeitige Verhältnis der deutschen Literaturwissenschaft zu ihrer Geschichte, in: Internationales Archiv für Sozialgeschichte der Literatur 16 (1991), S. 149–156

Wiegmann, Hermann: Geschichte der Poetik. Ein Abriß. Stuttgart 1977

Wilke, Jürgen: Grundzüge der Medien- und Kommunikationsgeschichte. Von den Anfängen bis ins 20. Jahrhundert. Köln, Weimar, Wien 2000

Wilpert, Gero von: Sachwörterbuch der Literatur. 8., verbesserte und erweiterte Aufl. Stuttgart 2001

Wolfrum, Erich (Hg.): Taschenbuch des Deutschunterrichts. Grundfragen und Praxis der Sprach- und Literaturdidaktik. 1. Band: Sprachdidaktik und Mediendidaktik. 3., neubearbeitete und erweiterte Aufl. Baltmannsweiler 1980

Zelle, Carsten: Kurze Bücherkunde für Literaturwissenschaftler. Tübingen, Basel 1998

6.2 Grundlagen der Textinterpretation

Grundlagen der Textinterpretation

Arbeitstexte für den Unterricht. Anleitung zur Abfassung literaturwissenschaftlicher Arbeiten. Für die Sekundarstufe zusammengestellt und hg. v. Kurt Rothmann. Stuttgart 1997

Arbeitstexte für den Unterricht. Einführung in die Verslehre. Von Hans-Dieter Gelfert. Stuttgart 1998

Grundlagen der Textinterpretation

Arbeitstexte für den Unterricht. Wie interpretiert man ein Drama? Für die Sekundarstufe. Von Hans-Dieter Gelfert. Stuttgart 1998

Arbeitstexte für den Unterricht. Wie interpretiert man ein Gedicht? Für die Sekundarstufe. Von Hans-Dieter Gelfert. Stuttgart 1998

Arbeitstexte für den Unterricht. Wie interpretiert man einen Roman? Für die Sekundarstufe. Von Hans-Dieter Gelfert. Stuttgart 1996

Asmuth, Bernhard: Einführung in die Dramenanalyse. 2., durchgesehene Aufl. Stuttgart 1984

Behrmann, Alfred: Einführung in die Analyse von Prosatexten. 5., neubearbeitete und erweiterte Aufl. Stuttgart 1982

Best, Otto F.: Handbuch literarischer Fachbegriffe. Definitionen und Beispiele. Überarbeitete und erweiterte Ausgabe. Frankfurt a. M. 1996

Bosse, Heinrich: Autorschaft ist Werkherrschaft. Über die Entstehung des Urheberrechts aus dem Geist der Goethezeit. München, Wien, Zürich 1981

Braak, Ivo: Poetik in Stichworten. Literaturwissenschaftliche Grundbegriffe. Eine Einführung. 8., überarbeitete und erweiterte Aufl. Bearbeitet und hg. v. Martin Neubauer. Stuttgart 2001

Breuer, Dieter: Deutsche Metrik und Versgeschichte. 4. Aufl. Stuttgart 1999

Burdorf, Dieter: Einführung in die Gedichtanalyse. Stuttgart, Weimar 1995

Dotzler, Bernhard J. (Hg.): Grundlagen der Literaturwissenschaft. Exemplarische Texte. Köln 1999

Frank, Horst Joachim: Wie interpretiere ich ein Gedicht? Eine methodische Anleitung. 4. Aufl. Tübingen, Basel 1998

Freund, Winfried: Deutsche Lyrik. 2., unveränderte Aufl. Interpretationen vom Barock bis zur Gegenwart. München 1990

Gedichte und Interpretationen. Bd. 1–6. Stuttgart 1982–1997

Greiner, Bernhard: Die Komödie. Eine theatralische Sendung: Grundlagen und Interpretationen. Tübingen 1992

Kreuzer, Helmut: Veränderungen des Literaturbegriffs. Fünf Beiträge zu aktuellen Problemen der Literaturwissenschaft. Göttingen 1975

Lämmert, Eberhard: Bauformen des Erzählens. Nachdruck der 8., unveränderten Aufl. 1983. Stuttgart 1993

Paul, Otto / Glier, Ingeborg: Deutsche Metrik. 9. Aufl. Ismaning 1993

Profitlich, Ulrich (Hg.): Komödientheorie. Texte und Kommentare. Vom Barock bis zur Gegenwart. Reinbek b. Hamburg 1998

Profitlich, Ulrich (Hg.): Tragödientheorie. Texte und Kommentare. Vom Barock bis zur Gegenwart. Reinbek b. Hamburg 1999

Schutte, Jürgen: Einführung in die Literaturinterpretation. 4., aktualisierte Aufl. Stuttgart 1997

Grundlagen der Textinterpretation

Selbmann, Rolf: Dichterberuf. Zum Selbstverständnis des Schriftstellers von der Aufklärung bis zur Gegenwart. Darmstadt 1994

Sorg, Bernhard: Lyrik interpretieren. Eine Einführung. Berlin 1999

Stanzel, Franz K.: Theorie des Erzählens. 7., unveränderte Aufl. Göttingen 2001

Vogt, Jochen: Aspekte erzählender Prosa. 8., durchgesehene und aktualisierte Aufl. Opladen 2000

Waldmann, Günter: Produktiver Umgang mit Lyrik: eine systematische Einführung in die Lyrik, ihre produktive Erfahrung und ihr Schreiben; für Schule (Sekundarstufe I und II) und Hochschule sowie zum Selbststudium. 5., neubearbeitete und erweiterte Aufl. Baltmannsweiler 1998

Weber, Dietrich: Erzählliteratur. Schriftwerk, Kunstwerk, Erzählwerk. Göttingen 1998

6.3 Grundlagen der Literaturgeschichte

Grundlagen der Literaturgeschichte

Alt, Peter-André: Aufklärung. 2., durchgesehene Aufl. Stuttgart 2001

Brenner, Peter J.: Neue deutsche Literaturgeschichte. Vom ›Ackermann‹ zu Günter Grass. 2., aktualisierte Aufl. Tübingen 2004

Deutsche Literatur. Eine Sozialgeschichte. Hg. v. Horst Albert Glaser. Bd. 1–9. Reinbek b. Hamburg 1980–1991

Deutsche Literaturgeschichte. Von den Anfängen bis zur Gegenwart. 6., verbesserte und erweiterte Aufl. Von Wolfgang Beutin, Klaus Ehlert, Wolfgang Emmerich u. a. Stuttgart, Weimar 2001

Die deutsche Literatur. Ein Abriß in Text und Darstellung. Hg. v. Otto F. Best und Hans-Jürgen Schmitt. Bd. 1–17. Stuttgart 1976–2000

Fohrmann, Jürgen: Das Projekt der deutschen Literaturgeschichte. Entstehung und Scheitern einer nationalen Poesiegeschichtsschreibung zwischen Humanismus und Deutschem Kaiserreich. Stuttgart 1989

Fohrmann, Jürgen: Über das Schreiben von Literaturgeschichte, in: Peter J. Brenner (Hg.): Geist, Geld und Wissenschaft. Arbeits- und Darstellungsformen von Literaturwissenschaft. Frankfurt a. M. 1993, S. 175–202

Füssel, Stephan: Kontinuität und Umbruch. Die Literaturentwicklung von 1450 bis 1600, in: Deutsche Dichter der frühen Neuzeit (1450–1600). Ihr Leben und Werk. Hg. v. Stephan Füssel. Berlin 1993, S. 9–34

Geldner, Ferdinand: Inkunabelkunde. Eine Einführung in die Welt des frühesten Buchdrucks. Wiesbaden 1978

Geschichte der deutschen Literatur vom 18. Jahrhundert bis zur Gegenwart. Hg. v. Viktor Žmegač. Bd. 1–3. Königstein/Ts. 1978–84

**Grundlagen der
Literaturgeschichte**

Geschichte der deutschen Literatur von den Anfängen bis zum Beginn der Neuzeit. Hg. v. Joachim Heinzle. 3 Bde. Königstein/Ts. 1984–88

Geschichte der deutschen Literatur von den Anfängen bis zur Gegenwart. Begründet v. Helmut de Boor und Richard Newald. Bd. 1ff. München 1967ff. [noch nicht abgeschlossen]

Geschichte der deutschen Literatur. Hg. v. Bengt Algot Sørensen. 2 Bde. München 1997

Haebler, Konrad: Handbuch der Inkunabelkunde. Stuttgart 1979

Hansers Sozialgeschichte der deutschen Literatur. Hg. v. Rolf Grimminger. Bd. 1ff. München 1980ff. [noch nicht abgeschlossen]

Könneker, Barbara: Die deutsche Literatur der Reformationszeit. Kommentar zu einer Epoche. München 1975

Luserke, Matthias: Sturm und Drang. Autoren – Texte – Themen. 2. Aufl. Stuttgart 1999

Meid, Volker: Metzler Literatur Chronik. Werke deutschsprachiger Autoren. 2., erweiterte Aufl. Stuttgart, Weimar 1998

Plumpe, Gerhard: Epochen moderner Literatur. Ein systemtheoretischer Entwurf. Wiesbaden 1995

Wittmann, Reinhard: Geschichte des deutschen Buchhandels. Durchgesehene und erweiterte Aufl. München 1999

6.4 Grundlagen der Methodenwahl

**Grundlagen der
Methodenwahl**

Baasner, Rainer / Zens, Maria: Methoden und Modelle der Literaturwissenschaft. Eine Einführung. 2., überarbeitete und erweiterte Aufl. Berlin 2001

Beiträge zu einer materialistischen Theorie der Literatur. Hg. und eingeleitet v. Hans-Thies Lehmann. Frankfurt a. M., Berlin, Wien 1977

Bovenschen, Silvia: Die imaginierte Weiblichkeit. Exemplarische Untersuchungen zu kulturgeschichtlichen und literarischen Präsentationsformen des Weiblichen. Frankfurt a. M. 1979

Culler, Jonathan: Dekonstruktion. Derrida und die poststrukturalistische Literaturtheorie. Reinbek b. Hamburg 1999

Eagleton, Terry: Einführung in die Literaturtheorie. 4., erweiterte und aktualisierte Aufl. Stuttgart 1997

Eggert, Hartmut / Garbe, Christine: Literarische Sozialisation. Stuttgart, Weimar 1995

Gansberg, Marie Luise / Völker, Paul Gerhard: Methodenkritik der Germanistik. Materialistische Literaturtheorie und bürgerliche Praxis. 2., unveränderte Aufl. Stuttgart 1971

Grundlagen der Methodenwahl

Geertz, Clifford: Dichte Beschreibung. Beiträge zum Verstehen kultureller Systeme. Frankfurt a. M. 1991 [1. Aufl. 1973]

Groeben, Norbert: Rezeptionsforschung und empirische Literaturwissenschaft. Tübingen 1980

Hermand, Jost: Synthetisches Interpretieren. Zur Methodik der Literaturwissenschaft. 3. Aufl. München 1971

Hickethier, Knut: Film- und Fernsehanalyse. Stuttgart, Weimar 1993

Jahraus, Oliver: Literaturtheorie. Theoretische und methodische Grundlagen der Literaturwissenschaft. Tübingen, Basel 2004

Jauß, Hans-Robert: Ästhetische Erfahrung und literarische Hermeneutik. 4. Aufl. Frankfurt a. M. 1991

Leibfried, Erwin: Literarische Hermeneutik. Eine Einführung in ihre Geschichte und Probleme. Tübingen 1980

Literaturwissenschaft – Kulturwissenschaft. Positionen, Themen, Perspektiven. Hg. v. Renate Glaser und Matthias Luserke. Opladen 1996

Literaturwissenschaftliche Theorien, Modelle und Methoden. Eine Einführung. Hg. v. Ansgar Nünning unter Mitwirkung v. Sabine Buchholz u. Manfred Jahn. 3. verb. u. erw. Aufl. Trier 1998

Luserke-Jaqui, Matthias: Medea. Studien zur Kulturgeschichte der Literatur. Tübingen, Basel 2002

Matt, Peter von: Literaturwissenschaft und Psychoanalyse. Durchgesehene, um ein Nachwort erweiterte und bibliographisch aktualisierte Neuausgabe. Stuttgart 2001 [1. Aufl. 1972]

Osinski, Jutta: Einführung in die feministische Literaturwissenschaft. Berlin 1998

Pfau, Dieter / Schönert, Jörg: Probleme und Perspektiven einer theoretisch-systematischen Grundlegung für eine ›Sozialgeschichte der Literatur‹, in: Zur theoretischen Grundlegung einer Sozialgeschichte der Literatur. Ein struktural-funktionaler Entwurf. Hg. im Auftrag der Münchener Forschergruppe »Sozialgeschichte der deutschen Literatur 1770 – 1900« v. Renate von Heydebrand, Dieter Pfau und Jörg Schönert. Tübingen 1988, S. 1–26

Pietzker, Carl: Einführung in die Psychoanalyse des literarischen Kunstwerks am Beispiel von Jean Pauls ›Rede des toten Christus‹. 2., durchgesehene Aufl. Würzburg 1985

Pietzker, Carl: Lesend interpretieren. Zur psychoanalytischen Deutung literarischer Texte. Würzburg 1992

Psychoanalyse und Literaturwissenschaft. Texte zur Geschichte ihrer Beziehungen. Hg., eingeleitet und mit einer weiterführenden Bibliographie versehen v. Bernd Urban. Tübingen 1973

Rückkehr des Autors. Zur Erneuerung eines umstrittenen Begriffs. Hg. von Fotis Jannidis, Gerhard Lauer, Matias Martinez, Simone Winko. Tübingen 1999

Grundlagen der Methodenwahl

Schmidt, Siegfried J.: Grundriß der Empirischen Literaturwissenschaft. 2 Bde. Braunschweig, Wiesbaden 1980 und 1982

Schönau, Walter: Einführung in die psychoanalytische Literaturwissenschaft. Stuttgart 1991

Schönert, Jörg: Empirische Literaturwissenschaft: Verschlossene wissenschaftliche Anstalt oder Bastion mit offenen Toren? Überlegungen zur Organisation literaturwissenschaftlicher Theorie und Praxis. Siegen 1985

Schönert, Jörg: Zu einem strukturfunktionalistischen Untersuchungsmodell für die Sozialgeschichte der Literatur, in: Jörg Schönert (Hg.): Literatur und Kriminalität. Die gesellschaftliche Erfahrung von Verbrechen und Strafverfolgung als Gegenstand des Erzählens. Deutschland, England und Frankreich 1850–1880. Tübingen 1983, S. 33–46

Schößler, Franziska: Literaturwissenschaft als Kulturwissenschaft. Eine Einführung. Unter Mitarbeit von Christine Bähr. Tübingen, Basel 2006

Sowinski, Bernhard: Stilistik. Stiltheorien und Stilanalysen. 2., überarbeitete und aktualisierte Aufl. Stuttgart, Weimar 1999

Stephan, Inge: ›Gender‹. Eine nützliche Kategorie für die Literaturwissenschaft, in: Zeitschrift für Germanistik, Neue Folge, 9/1 (1999), S. 23–35

Viehoff, Reinhold (Hg.): Alternative Traditionen. Dokumente zur Entwicklung einer empirischen Literaturwissenschaft. Braunschweig 1991

Warning, Rainer (Hg.): Rezeptionsästhetik. Theorie und Praxis. 2. Aufl. München 1979

Wie international ist die Literaturwissenschaft? Methoden- und Theoriediskussion in den Literaturwissenschaften: Kulturelle Besonderheiten und interkultureller Austausch am Beispiel des Interpretationsproblems (1950–1990). Hg. v. Lutz Danneberg und Friedrich Vollhardt in Zusammenarbeit mit Hartmut Böhme und Jörg Schönert. Stuttgart, Weimar 1996

Wild, Reiner: Literatur im Prozeß der Zivilisation. Entwurf einer theoretischen Grundlegung der Literaturwissenschaft. Stuttgart 1982

Wild, Reiner: Literaturgeschichte – Kulturgeschichte – Zivilisationsgeschichte, in: Vom Umgang mit Literatur und Literaturgeschichte. Positionen und Perspektiven nach der ›Theoriedebatte‹. Hg. v. Lutz Danneberg und Friedrich Vollhardt in Zusammenarbeit mit Hartmut Böhme und Jörg Schönert. Stuttgart 1992, S. 349–363

Zima, Peter V.: Die Dekonstruktion. Einführung und Kritik. Tübingen, Basel 1994

6.5 Grundlagen des Studiums

Grundlagen des Studiums

Bangen, Georg: Die schriftliche Form germanistischer Arbeiten. Empfehlungen für die Anlage und die äußere Gestaltung wissenschaftlicher Manuskripte unter besonderer Berücksichtigung der Titelangaben von Schrifttum. 9., durchgesehene Aufl. Stuttgart 1990

Grundlagen des Studiums

Die Leseliste. Kommentierte Empfehlungen. Zusammengestellt von Sabine Griese, Hubert Kerscher, Albert Meier, Claudia Stockinger. Stuttgart 1994

Göttert, Karl-Heinz: Kleine Schreibschule für Studierende. München 1999

Jeßing, Benedikt: Arbeitstechniken des literaturwissenschaftlichen Studiums. Stuttgart 2001

Kammer, Manfred: Bit um Bit. Wissenschaftliche Arbeiten mit dem PC. Stuttgart 1997

Klausnitzer, Ralf: Literaturwissenschaft. Begriffe – Verfahren – Arbeitstechniken. Berlin, New York 2004

Ludwig, Hans-Werner / Rommel, Thomas: Studium Literaturwissenschaft. Arbeitstechniken und Neue Medien. Tübingen, Basel 2003

Luserke, Matthias: Kanon, Korpus, Kommunikation. Auch ein Plädoyer für eine Literaturgeschichte des Kleinen, in: Mitteilungen des Deutschen Germanistenverbandes 43/3 (1996), S. 14–21

Luserke, Matthias: Literaturgeschichtliches Repetitorium und Kanonbildung, in: Mitteilungen des Deutschen Germanistenverbandes 43/1 (1996), S. 56–63

Meyer-Krentler, Eckhardt / Moenninghoff, Burkhard: Arbeitstechniken Literaturwissenschaft. 12., korrigierte und aktualisierte Aufl. Paderborn, München 2005

Neuhaus, Stefan: Revision des literarischen Kanons, Göttingen 2002

Niederhauser, Jürg: Duden: Die schriftliche Arbeit – kurz gefasst. Eine Anleitung zum Schreiben von Arbeiten in Schule und Studium. Literatursuche, Materialsammlung und Manuskriptgestaltung mit vielen Beispielen. 4., neu bearbeitete und aktualisierte Aufl. Mannheim, Leipzig, Wien, Zürich 2006

Segebrecht, Wulf: Was sollen Germanisten lesen? Ein Vorschlag. 2., überarbeitete und erweiterte Aufl. Berlin 2000

Register

Personen

Begriffe

Begriffe

Begriffe

Wenn Sie weiterlesen möchten ...

Franz Karl Stanzel
Theorie des Erzählens

UTB 904

Das Uni-Taschenbuch ist eine umfassende Analyse der Formen des Erzählens. Ausgangspunkt sind die typischen Erzählsituationen im Roman. Über die idealtypische Klassifikation
hinausgehend werden die vielfältigen Zwischenformen und Kombinationen von Erzählwei-
sen beschrieben und in einem Typenkreis erfaßt. Ansatz und Intention sind theoretisch-
systematisch; die theoretischen Überlegungen und Befunde werden jedoch fortlaufend auf
Textbeispiele bezogen und an ihnen verdeutlicht, wiederholt auch mit der Interpretation
einzelner Werke verbunden. Die breite Diskussion zur Erzählforschung wird berücksichtigt.
Das Ergebnis ist gleichsam eine Grammatik der Erzählkunst.

Horst-Jürgen Gerigk
Lesen und Interpretieren

UTB 2323

In zwölf Kapiteln liefert Horst-Jürgen Gerigk eine systematische Einführung in den Umgang
mit literarischen Texten. Ziel ist die fachwissenschaftliche Kultivierung des natürlichen Ver-
stehens beim Lesen und Interpretieren. Das Herzstück der Untersuchung besteht in der Ent-
faltung des Begriffs von der »poetologischen Differenz«. Dieser Leitbegriff macht deutlich,
dass jeder Tatbestand eines literarischen Textes, also jeder »innerfiktionale Sachverhalt«,
zweifach begründet ist: nämlich innerhalb und außerhalb der Fiktion. Der Aufweis dieser
Differenz legt das künstlerische Funktionieren des Textes frei. Zahlreiche Beispiele aus der
Weltliteratur bilden das Anschauungsmaterial. Ein ausführliches Personen- und Titelregister
erschließt den Band.

Stefan Neuhaus
Literaturkritik
Eine Einführung
UTB 2482

Literaturkritik findet in Zeitungen und Zeitschriften statt. Man trennt sie meist von der
Literaturwissenschaft, obwohl viele Kritiker studierte Germanisten sind. Weitgehend unbe-
stimmt scheint zu sein, nach welchen Kriterien Kritiker Bücher beurteilen. Ulrich Greiner,
ein bekannter Vertreter seiner Zunft, hat formuliert: »Mich verfolgt die Frage: Mein Herr,
wo sind Ihre Maßstäbe? Nicht, dass es darauf keine Antwort gäbe. Irgendeinen Maßstab hat

schließlich jeder. Was mir jedoch wenig gefällt, ist die Tatsache, dass es für alle diese Maßstäbe keinen Maßstab gibt.« Damit stellt sich die Frage nach der Leistung von Literaturkritik
überhaupt.
Auf der Basis einer systematischen Darstellung der deutschsprachigen Literaturkritik führt
der Band in Geschichte und Gegenwart der Thematik ein, entwickelt Lösungsvorschläge für
offene Fragen und gibt Tipps für eine ›Karriere‹ als Literaturkritiker. Die Anforderungen an
eine ›gute‹ Literaturkritik werden in vier Funktionen umrissen: Die Kritik soll orientieren,
informieren, kritisieren und unterhalten.

Wolfgang Rath
Die Novelle

Konzept und Geschichte

UTB 2122

Ausgangspunkt der Darstellung, die sich in einen knappen konzeptionellen und einen breit
gefächerten historischen Teil aufgliedert, ist die vielfach überprüfte Nähe der Novelle zur
traditionellen Bauform des Dramas. Im Gegensatz zu bisherigen Gattungskommentaren
geht das Buch also vom Handwerk des Dichters aus und legt das Konzept dar, das der Ar-
tistik novellistischer Kompositionen unterliegt: das »Küchenrezept« der Novelle (Gottfried
Keller). Rekonstruiert wird auf dieser Grundlage, ausgehend von Kompositionsmustern aus
Renaissance und Mittelalter, der Formenwandel des Genres vom 18. Jahrhundert bis zur
zeitgenössischen Wiederkehr des Novellenerzählers. Der bisherige Maßstab der Gattungs-
bestimmung, Goethes viel traktierte Novellendefinition von der ›unerhörten Begebenheit‹
wird somit reintegriert in eine Poetik, die im Muster der Antike begründet liegt und anthro-
pologischem Kalkül folgt. Als Konzept der Novelle wird so ein offenes System dargelegt, das
durch die Literaturgeschichte hindurch variabel genug ist, das Erzählen von immer wieder
anderen und einzigartigen Geschichten zu strukturieren.

Franz K. Stanzel
Typische Formen des Romans

Kleine Vandenhoeck-Reihe 1187

»Stanzel unterscheidet drei Typen der Erzählsituation: die auktoriale (Anwesenheit des
kommentierenden Erzählers), die Ich-Erzählsituation (der Erzähler gehört zur Welt der
Roman-Charaktere) und die personale (Erzeugung eine Illusion von Unmittelbarkeit und
Objektivität in der Erzählsituation). Die drei so gewonnenen Kategorien werden nicht sta-
tisch, sondern im Entwicklungsprozeß, nicht schematisch getrennt, sondern als ineinander
übergehend begriffen. An klug ausgewähltem Material demonstriert, scheinen sie praktika-
bel und erlauben sowohl Abstraktionen als Konkretisierungen.« *Germanistik*

Gerhard Härle
Lyrik – Liebe – Leidenschaft
Streifzug durch die Liebeslyrik von Sappho bis Sarah Kirsch

Liebe ist: Sehnsucht und Eifersucht, Erwartung und Verzweiflung, ein Abgrund und ein Höhenflug – all dies bringen die Liebesgedichte zum Ausdruck, die in diesem Buch vorgestellt und ergründet werden.

Wer je geliebt hat, kennt die Höhen und Tiefen dieses Gefühls, für die uns im Alltag meist die Worte fehlen. Seit jeher findet das Unsagbare seinen Ausdruck in der Lyrik. Von zarter Sehnsucht über derbe Gier bis zur verzweifelten Trauer haben Lyriker alle Seiten der Liebeserfahrung in Gedichte gebannt. Gerhard Härle nimmt uns mit auf einen Streifzug durch 3000 Jahre Liebeslyrik, der die Gedichte nicht nacheinander abhandelt, sondern thematisch verknüpft und entfaltet. Das Buch wendet sich an alle, die an der Liebe jenseits des alltäglichen Beziehungsbetriebs interessiert sind.

Walter Hinck
Stationen der deutschen Lyrik
Von Luther bis in die Gegenwart – 100 Gedichte mit Interpretationen

Um Funkzeichen aufzufangen, muss man das Funkgerät auf die richtige Wellenlänge eingestellt haben; Offenheit für Gedichte setzt die Erwartung eines lyrischen Zeichensystems voraus, die Erwartung von etwas anderem als Prosasprache. Nicht jeder, nicht einmal jeder Kunstkenner, ist empfangsbereit. Nur derjenige wird die Form- und Sinnvielfalt von Gedichten wahrnehmen, der mit dem »Morsealphabet« der Lyrik vertraut ist. Dazu gehören Metrum und Rhythmus, Wortbedeutung und Wortklang, Reim, rhetorische Figuren, lyrische Bilder und Metaphern, Chiffren, Symbole, grammatische Besonderheiten und außergewöhnliche Perspektiven.
Walter Hinck gelingt es meisterhaft, die Schönheit lyrischer Sprache transparent zu machen. Klar und einprägsam weisen seine sehr persönlich gehaltenen Interpretationen den Weg, ohne die individuelle Annäherung vorweg zu nehmen.

Leonard Olschner
Im Abgrund Zeit

Paul Celans Poetiksplitter

Nirgends formulierte Paul Celan systematisch seine Poetik, vielmehr geschah dies in Ansätzen in den Gedichten und auch in anderen Texten, die immer wieder Züge des poetologischen Entwurfs zeigen. Die Interpretation zentraler Aspekte der Poetik verschränkt sich in der vorliegenden Studie mit der eingehenden exemplarischen Lektüre einzelner Gedichte und Gedichtübertragungen (z.B. der Gedichte von Esenin, Mandel\štam oder Shakespeare), um ein erweitertes Verständnis des Gesamtwerks in seiner Folgenhaftigkeit zu erreichen. Auch intertextuelle Anspielungen auf lyrische oder philosophische Texte anderer erleichtern Zugänge zu Celans Werk.

Literaturtheorie fürs Studium

V&R

Klaus-Michael Bogdal (Hg.)
Neue Literaturtheorien
Eine Einführung
3. Auflage 2005. 287 Seiten, kartoniert
ISBN 978-3-525-26506-2

Die Einführung in die neuen Literaturtheorien erfreut sich seit ihrem Erscheinen 1990 großen Zuspruchs. Sie hat sich im Studienalltag als Hinführung zu den komplexen Theorieentwicklungen bewährt, darüber hinaus auch als Kompendium für das Verfassen wissenschaftlicher Arbeiten und als Prüfungsrepetitorium. Für die 3. Auflage wurden sämtliche Beiträge im Blick auf den jeweiligen Forschungsstand aktualisiert und überarbeitet oder völlig neu geschrieben. In zehn übersichtlichen Einzelbeiträgen werden die historische Diskursanalyse, psychoanalytische Theorien, Dekonstruktivismus, feministische Literaturwissenschaft u.a.m. vorgestellt und erläutert sowie der Einfluss von Foucault, Derrida, Lacan, Luhmann u.a. untersucht. Die ausführliche Einleitung erklärt die veränderte Form der Theoriebildung in den vergangenen Jahren und informiert zudem über die traditionellen literaturwissenschaftlichen Methoden.

Klaus-Michael Bogdal (Hg.)
**Neue Literaturtheorien
in der Praxis**
Textanalysen von Kafkas »Vor dem Gesetz«
2. Auflage 2005. 208 Seiten, kartoniert
ISBN 978-3-525-26537-6

Der Fortsetzungsband zeigt die Erprobung der theoretischen Ansätze an jeweils einem konkreten literarischen Modell. Franz Kafkas Parabel *Vor dem Gesetz* stellt seit jeher eine Herausforderung jeder methodisch reflektierten Literaturwissenschaft dar und eignet sich deshalb hervorragend als Beispieltext. Das Spektrum der Beiträge reicht von der historischen Diskursanalyse bis zum Dekonstruktivismus.

Manfred Engel / Dieter Lamping (Hg.)
Franz Kafka und die Weltliteratur
2006. 379 Seiten, gebunden
ISBN 978-3-525-20844-1

Der Sammelband untersucht Kafkas spezifische Stellung innerhalb der Weltliteratur durch eine komparatistische Kontextualisierung seiner deutungsoffenen, modernen Texte. Die einzelnen Beiträge lassen sich drei Themenschwerpunkten zuordnen: Kafkas Lektüren, Kafka-Lektüren, Kafka und die literarische Moderne.

Vandenhoeck & Ruprecht

Lehrbücher Sprachwissenschaft

V&R

Linguistik fürs Examen

1: Hans Altmann / Suzan Hahnemann
Syntax fürs Examen
Studien- und Arbeitsbuch
3., aktualisierte Auflage 2007. 226 Seiten mit
zahlr. Tab., kartoniert. ISBN 978-3-525-26500-0

2: Hans Altmann /
Silke Kemmerling-Schöps
Wortbildung fürs Examen
2., überarb. Auflage 2005. 203 Seiten, kartoniert
ISBN 978-3-525-26501-7

3: Hans Altmann / Ute Ziegenhain
**Phonetik, Phonologie und
Graphemik fürs Examen**
2., überarb. und erg. Auflage 2007. 195 Seiten
mit 1 Abb. und zahlr. Tab., kartoniert
ISBN 978-3-525-26545-1

Studienbücher zur Linguistik

1: Klaus Bayer
Argument und Argumentation
Logische Grundlagen der Argumentationsanalyse
2., überarb. Auflage 2007. 246 Seiten mit 70
Grafiken, kartoniert. ISBN 978-3-525-26547-5

2: Utz Maas
Phonologie
Einführung in die funktionale Phonetik des Deutschen
2., überarbeitete Auflage 2006. 392 Seiten mit
zahlr. Abb. und Schautafeln, kartoniert
ISBN 978-3-525-26526-0

3: Christa Dürscheid
Syntax
Grundlagen und Theorien
Erweitert um ein Kapitel zur Optimalitätstheorie
von Martin Businger. 4., überarb. und erg. Auflage
2007. 260 Seiten, kartoniert
ISBN 978-3-525-26546-8

6: Christina Gansel / Frank Jürgens
Textlinguistik und Textgrammatik
Eine Einführung
2., überarb. und erg. Auflage 2007. 270 Seiten mit
zahlr. Abb. und Tab., kartoniert
ISBN 978-3-525-26544-4

8: Christa Dürscheid
Einführung in die Schriftlinguistik
Erweitert um ein Kapitel zur Typographie von Jürgen Spitzmüller. 3., überarb. und ergänzte Auflage
2006. 319 Seiten mit 31 Abb., kartoniert
ISBN 978-3-525-26516-1

11: Michael Dürr / Peter Schlobinski
Deskriptive Linguistik
Grundlagen und Methoden
3., überarb. Aufl. 2006. 301 Seiten mit zahlr. Abb.
und Schautafeln, kartoniert
ISBN 978-3-525-26518-5

Weitere Bände sind beziehbar und in Vorbereitung.
Nähere Informationen unter www.v-r.de

Vandenhoeck & Ruprecht